Strategisches Konfliktmanagement

Thomas Knobloch

Strategisches Konfliktmanagement

Ein Erfolgsfaktor wertorientierter
Unternehmensführung

Thomas Knobloch
Institut für Konfliktmanagement und Unternehmensführung
(Steinbeis-Transferzentrum)
Paderborn, Deutschland

ISBN 978-3-658-47670-0   ISBN 978-3-658-47671-7 (eBook)
https://doi.org/10.1007/978-3-658-47671-7

Die Deutsche Nationalbibliothek verzeichnet diese Publikation in der Deutschen Nationalbibliografie;
detaillierte bibliografische Daten sind im Internet über https://portal.dnb.de abrufbar.

© Der/die Herausgeber bzw. der/die Autor(en), exklusiv lizenziert an Springer Fachmedien Wiesbaden
GmbH, ein Teil von Springer Nature 2025

Springer Gabler ist ein Imprint der eingetragenen Gesellschaft Springer Fachmedien Wiesbaden GmbH
und ist ein Teil von Springer Nature.
Die Anschrift der Gesellschaft ist: Abraham-Lincoln-Str. 46, 65189 Wiesbaden, Germany

Wenn Sie dieses Produkt entsorgen, geben Sie das Papier bitte zum Recycling.

Geleitwort

Konflikte sind ein alltägliches Phänomen, das alle gesellschaftlichen Lebensbereiche begleitet – so auch die Zusammenarbeit in und zwischen Unternehmen. Das vorliegende Buch diskutiert die Notwendigkeit eines strategischen Konfliktmanagements in Unternehmen als systematischen und institutionalisierten Ansatz zur Bewältigung von Konflikten.

Der Autor hebt die Bedeutung des Konfliktmanagements für das Erreichen der Unternehmensziele und die Absicherung und Steigerung des betrieblichen Erfolgs hervor. Die Diskussion erstreckt sich dabei auf die Integration des Konfliktmanagements in die Unternehmensführung und bezieht auch aktuelle strategische Themen wie Nachhaltigkeit und New Work mit ein.

Konflikte werden als unvermeidlich in jeder kollaborativen Arbeitsumgebung beschrieben, die potenziell die Produktivität und das Erreichen von Unternehmenszielen behindern können. Neben diesen dysfunktionalen Aspekten wird jedoch auch anerkannt, dass Konflikte als Frühindikatoren für betriebliche Probleme dienen, Motivation und Kreativität anregen und zu persönlicher Entwicklung sowie verbesserter Kommunikation und Teamarbeit führen können, wenn sie professionell gemanagt werden.

Der Autor unterscheidet zwischen strategischem und operativem Konfliktmanagement und betont die Notwendigkeit einer langfristigen

Strategie, die mit den Unternehmenszielen übereinstimmt. Weiterhin hebt er die Bedeutung der Konfliktprävention und die Notwendigkeit eines strategischen Rahmens zur Anleitung des operativen Konfliktmanagements hervor.

Das Buch bietet wertvolle Einblicke in die Integration des Konfliktmanagements mit dem Risikomanagement und hebt die Notwendigkeit eines systematischen und institutionalisierten Ansatzes zur Bewältigung von Konflikten hervor. Dies ist besonders relevant angesichts der zunehmenden Komplexität der Unternehmensumgebungen und der unterschiedlichen Interessen der verschiedenen Stakeholder.

Ein wesentliches Merkmal des Buches ist sein strukturierter Ansatz. Die Definitionen von Konflikt und Konfliktmanagement sind klar beschrieben. Anschaulichkeit und Verständnis der Ausführungen werden durch zahlreiche intuitiv gut verständliche Abbildungen gefördert. Darüber hinaus bezieht der Autor empirische Ergebnisse verschiedener Studien ein, die praktische Herausforderungen und Chancen des Konfliktmanagements beleuchten. Diese empirische Grundlage erhöht die Relevanz des Buches und bietet umsetzbare Empfehlungen für Unternehmen.

Dem Autor ist ein gut recherchiertes und strukturiertes Werk gelungen, das sowohl theoretische Einblicke als auch praktische Anleitungen zum strategischen Konfliktmanagement in Unternehmen bietet. Es unterstreicht die Bedeutung der Behandlung von Konflikten nicht nur aus operativer Sicht, sondern auch aus strategischer Perspektive und trägt so zum langfristigen und nachhaltigen Erfolg von Unternehmen bei.[1]

Dr. Michael Hammes

---

[1] Dr. Michael Hammes ist Initiator, Ansprechpartner und Autor der Studienreihe zum Konfliktmanagement deutscher Unternehmen (2005–2016), die von PricewaterhouseCoopers (PwC) in Kooperation mit der Europa-Universität Viadrina (EUV) sowie dem Round Table Mediation und Konfliktmanagement der deutschen Wirtschaft (RTMKM) herausgegeben wurde.

Competing Interests

Der/die Autor*in hat keine für den Inhalt dieses Manuskripts relevanten Interessenkonflikte.

Inhaltsverzeichnis

1

Strategisches Konfliktmanagement und Konzeption dieses Buches

Zusammenfassung Das erste Kapitel gibt einen Überblick über den Inhalt und die Konzeption dieses Buches, das sich aus einer strategischen Perspektive mit dem Konfliktmanagement der Unternehmen beschäftigt. Dabei geht es um eine zielführende Koordination der Unternehmensinteressen mit den Interessen der in den Unternehmen arbeitsteilig zusammenwirkenden Personen und Stakeholder(gruppen). Im Zentrum des strategischen Konfliktmanagements, das handlungsleitend für die operative Konfliktbearbeitung ist, stehen die Unternehmensziele sowie die Erfolgspotenziale der Unternehmen. Die Überlegungen führen über das Risikomanagement der Unternehmen zu Verschränkungen des Konfliktmanagements mit den Strategieprogrammen der Unternehmen und sind eingebunden in die Corporate Governance-Diskussion über eine verantwortungsvolle wert- und werteorientierte Unternehmensführung. Neben aktuellen Strategiethemen (z. B. Nachhaltigkeit und New Work) werden auch die Implementierung eines strategischen Konfliktmanagements in den Unternehmen sowie dessen ökonomische Grenzen angesprochen.

© Der/die Autor(en), exklusiv lizenziert an Springer Fachmedien Wiesbaden GmbH, ein Teil von Springer Nature 2025
T. Knobloch, *Strategisches Konfliktmanagement*,
https://doi.org/10.1007/978-3-658-47671-7_1

1.1 Konflikte im Unternehmen: Herausforderungen und Chancen für die Unternehmensführung

Der Unternehmensalltag zeigt, dass überall dort, wo Menschen organisiert zusammenarbeiten, auch Konflikte entstehen, die den persönlichen Umgang miteinander zuweilen erheblich erschweren und maßgeblich dazu beitragen, dass Erfolgspotenziale nicht erschlossen und Unternehmensziele nicht erreicht werden. Anschauliche Beispiele für diese Sachverhalte sind

- Konflikte am Arbeitsplatz, die dafür verantwortlich sind, dass Qualitäts- und Produktivitätsziele nicht erreicht werden,
- Konflikte mit Lieferanten, die dazu führen, dass vorgegebene Beschaffungs- und Logistikziele nicht erreicht werden,
- Konflikte mit Kunden, die für geringere Auftragseingänge und Umsatzerlöse verantwortlich sind, sodass betriebliche Erfolgsziele nicht realisiert werden,
- Konflikte mit Investoren, die die Perspektiven für die Eigen- oder Fremdkapitalfinanzierung der Unternehmen negativ verändern.

Neben diesen negativen (dysfunktionalen) Konsequenzen können Unternehmenskonflikte auch positiv (funktional) zur Weiterentwicklung von Unternehmen beitragen, indem sie beispielsweise

- als Frühindikatoren auf betriebliche Problemstellungen hinweisen, die es im Rahmen des operativen oder strategischen Managements rechtzeitig zu lösen gilt,
- Motivation und Kreativität provozieren und als Katalysatoren die Optimierung verfestigter oder Etablierung neuer Prozesse und Systeme im Unternehmen beschleunigen oder
- im Rahmen eines professionellen Konfliktmanagements zu persönlichen Weiterentwicklungen führen und damit beispielsweise die Kommunikations- und Teamkultur eines Unternehmens verbessern.

Die langfristige Wettbewerbsfähigkeit und Performance von Unternehmen hängen nicht zuletzt davon ab, wie erfolgreich Unternehmenskonflikte mit ihren jeweiligen Herausforderungen und Chancen von Geschäftsleitungen und Führungskräften begleitet und gemanagt werden.

Es gehört zu einer verantwortungsvollen Unternehmensführung, das Thema „Konfliktmanagement" nicht nur operativ, sondern auch strategisch in den Blick zu nehmen und belastbare Lösungen zur wirksamen Reduzierung dysfunktionaler Konfliktfolgen zu entwickeln und das innovative Potenzial der Unternehmenskonflikte darüber hinaus zu nutzen.

1.2 Unternehmenskonflikte als spezielle Gegenstände des Managements

Unternehmenskonflikte und Konfliktmanagement
Ein Blick in die Fachliteratur zeigt, dass sich der Konfliktbegriff durch ein breites Spektrum von inhaltlichen Zuweisungen auszeichnet, sodass am Anfang einer Publikation zum Konfliktmanagement eine Begriffsklärung hilfreich ist.[1]

> **Konflikte und Unternehmenskonflikte**
>
> Im Folgenden wird ein Konflikt allgemein als sozialer Prozess zwischen wenigstens zwei Konfliktparteien (Einzelpersonen oder Personengruppen) verstanden, der dadurch entsteht, dass eine Partei durch eine Handlung oder eine erkennbare Absicht die Interessen von wenigstens einer anderen Partei derart berührt, dass diese Partei sich beeinträchtigt fühlt, und die

---

[1] Für eine Beschäftigung mit unterschiedlichen Konfliktdefinitionen in der wissenschaftlichen Literatur wird auf die grundlegenden Ausführungen von Friedrich Glasl zu inhaltlichen Abgrenzungen einzelner Definitionen sowie auch der inflationären Verwendung des Konfliktbegriffs verwiesen [1].

von den Konfliktparteien jeweils bevorzugten Handlungsoptionen nicht gleichzeitig realisierbar sind oder scheinen.[2]
Zu einem Unternehmenskonflikt wird ein Konflikt dann, wenn eine Konfliktpartei ein Unternehmen ist und/oder Unternehmensinteressen betroffen sind.

In Zentrum der Unternehmenskonflikte stehen infolgedessen die Interessen der am Konflikt beteiligten Personen und Personengruppen bzw. die Unternehmensinteressen.

Das vorgestellte Konfliktverständnis betont die Prozessperspektive der Konflikte und entspricht ansonsten der Konfliktdefinition, die in der Studienreihe von PricewaterhouseCoopers (PwC) und der Europa-Universität Viadrina (EUV) in Kooperation mit dem Round Table Mediation und Konfliktmanagement der deutschen Wirtschaft (RTMKM) für die Unternehmenspraxis entwickelt wurde [2].

Ausgehend von diesem Konfliktverständnis führen die Vielzahl der Arbeits- und Geschäftsbeziehungen eines Unternehmens sowie das breite Spektrum der individuellen oder kollektiven Stakeholder[3]-Interessen zu einer Konfliktlandschaft, deren Struktur und Komplexität mit Abb. 1.1 skizziert werden kann.

Für das Konfliktmanagement der Unternehmen verdeutlicht der Konfliktbegriff zugleich, dass es dabei sowohl operativ als auch strategisch darum geht, die Dynamik der Unternehmenskonflikte, d. h. den Konfliktprozess möglichst zielführend zu gestalten und auf der Interessensebene der beteiligten Konfliktparteien belastbare Konfliktlösungen zu entwickeln.

---

[2] Dieses Konfliktverständnis hebt die Prozessperspektive der Konflikte hervor und entspricht ansonsten vollständig dem Konfliktverständnis, welches der PwC/EUV-Studienreihe zum Konfliktmanagement der Unternehmen zugrunde liegt und in Kooperation mit dem „Round Table Mediation und Konfliktmanagement der deutschen Wirtschaft (RTMKM)" für die Unternehmenspraxis entwickelt wurde [2].

[3] Als „Stakeholder" werden Personen oder Personengruppen (Stakeholder-Gruppen) bezeichnet, die berechtigte Interessen an einem Unternehmen und der Unternehmenspolitik haben. Beispiele für Stakeholder-Gruppen (auch: Interessen-/Anspruchsgruppen) sind Eigentümer/Gesellschafter, Arbeitnehmer, Lieferanten und Kunden sowie Fremdkapitalgeber/Kreditinstitute [3].

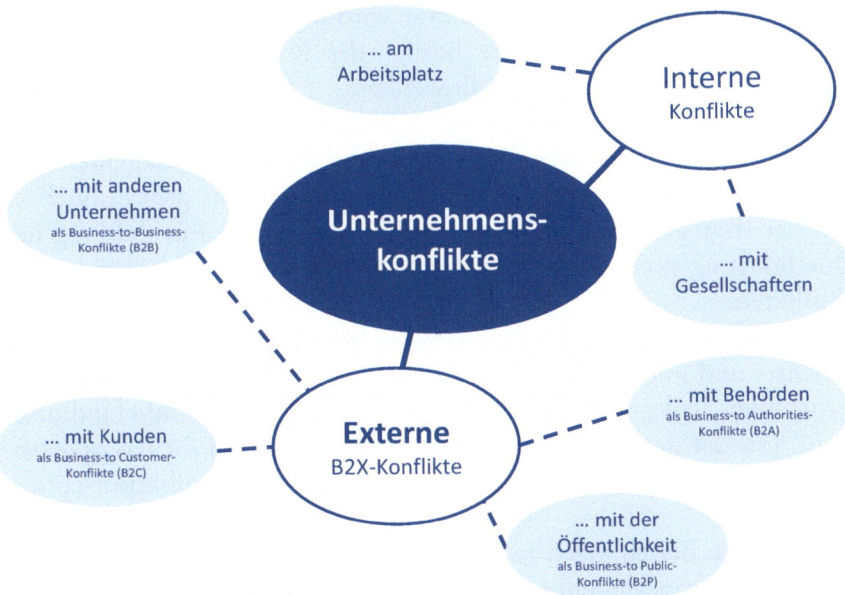

Abb. 1.1 Konfliktlandschaft der Unternehmen

> Der Begriff Konfliktmanagement bezeichnet in diesem Buch einen systematischen und im Unternehmen institutionalisierten Umgang mit Unternehmenskonflikten, durch den ein Konflikt(verlauf) gezielt beeinflusst werden soll.[4]

Da es beim Konfliktmanagement der Unternehmen stets um die Unternehmensinteressen sowie die Stakeholder-Interessen geht, kann bereits an dieser Stelle festgehalten werden:

> Konfliktmanagement ist Interessenmanagement – insbesondere in Unternehmen!

---

[4] Diese Definition folgt ebenfalls dem Begriffsverständnis von PricewaterhouseCoopers und der Europa-Universität Viadrina für die Praxis des Konfliktmanagements [2].

Die Bedeutung dieser Interpretation wird im weiteren Verlauf der Ausführungen deutlich, wenn die Bezüge des Konfliktmanagements zur Unternehmensführung dargestellt werden.

Strategische und operative Perspektive des Konfliktmanagements

Auf der strategischen Ebene des Konfliktmanagements geht es im Kontext der strategischen Unternehmensführung um die Entwicklung und Durchsetzung geeigneter Strategien zum Umgang mit Unternehmenskonflikten.

Die Strategien sind an den langfristigen Unternehmenszielen ausgerichtet und folgen einem Zukunftsbild, d. h. einer Vision für die Unternehmen. Sie legen einen langfristigen Organisations- und Handlungsplan[5] fest, der den übergeordneten Handlungsrahmen für das operative Management der Konflikte bildet und auch die Konfliktprävention[6] beinhaltet.

Die engen Beziehungen zwischen dem strategischen und dem operativen Konfliktmanagement resultieren zum einen aus der Hierarchie der in den Unternehmen insgesamt zu bewältigenden Managementaufgaben und zum anderen aus unterschiedlichen Planungshorizonten.

Innerhalb des strategischen Handlungsrahmens befasst sich das operative Konfliktmanagement regelmäßig mit der Bearbeitung von bereits existierenden Unternehmenskonflikten. Dabei geht es insbesondere darum, die negativen Auswirkungen der Konflikte für das Unternehmen zu minimieren, positive Effekte gegebenenfalls zu nutzen und im Tagesgeschäft die erforderlichen Geschäftsprozesse sicherzustellen, d. h. eine möglichst erfolgreiche Unternehmensführung zu gewährleisten.

Trotz des dargelegten und mit Abb. 1.2 veranschaulichten Zusammenhangs gibt es keine trennscharfe Abgrenzung zwischen strategischem und operativem Konfliktmanagement.

---

[5] Die Langfristigkeit einer Unternehmensstrategie kommt regelmäßig an ihre Grenzen, wenn sich die strategierelevanten Rahmenbedingungen für die Unternehmen nachhaltig verändern.

[6] Gemeint ist hier die Konfliktentstehungsprävention. Die Konflikteskalationsprävention kann sowohl im Fokus des strategischen als auch des operativen Konfliktmanagements stehen.

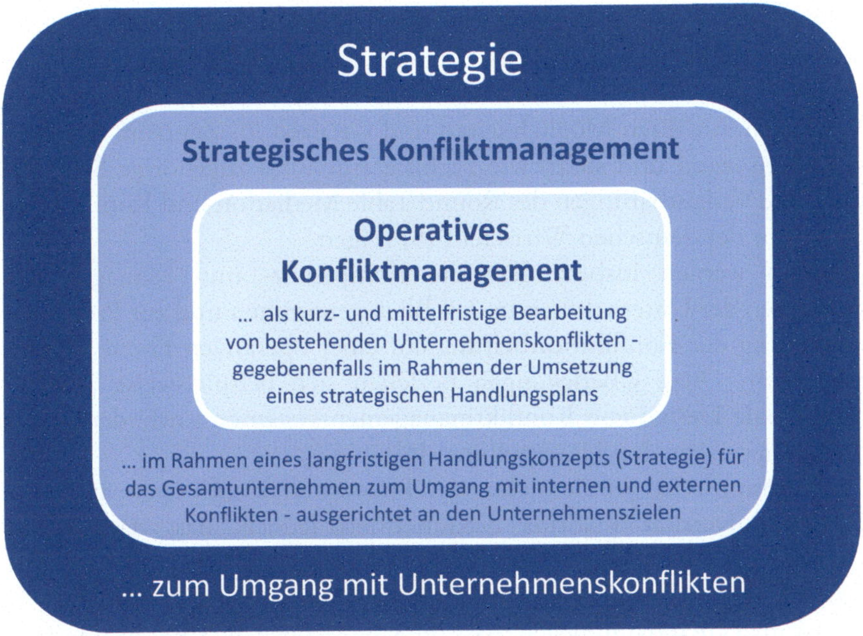

Abb. 1.2 Strategisches und operatives Konfliktmanagement

Gründe hierfür sind die enge Verknüpfung und teilweise Überschneidung operativer und strategischer Managementaufgaben in der Unternehmenspraxis sowie ein unscharfes Verständnis der einzelnen Begriffe.

Allerdings zeigt die Unternehmenspraxis, dass der Bearbeitung von Unternehmenskonflikten in den seltensten Fällen ein strategischer Handlungsplan zugrunde liegt.

Fehlt beim Konfliktmanagement der Unternehmen jedoch eine übergeordnete Strategie, bleiben Erfolgspotenziale verschlossen und Unternehmensziele unerreicht. Dieses strategische Defizit gilt es systematisch zu reduzieren.

Gegenstand dieses Buches und Verortung der Überlegungen
Maßgeblich angestoßen durch die politische Diskussion zur außergerichtlichen Beilegung von Unternehmenskonflikten beschäftigen sich Wirtschaft und Wissenschaft seit vielen Jahren immer wieder einmal mit der Professionalisierung des Konfliktmanagements in Unternehmen.

Der politischen Rahmensetzung folgend konzentrierten sich die Vordenker und Protagonisten dieses Themas zunächst auf das Phänomen der Konflikte sowie die Verfahren zur alternativen Streitbeilegung, wobei die Mediation mit ihren Möglichkeiten und Grenzen im Zentrum der Diskussionen stand und steht, wie Fachliteratur[7] und zugehörige Studien[8] sowie die Verlautbarungen des Round Table Mediation und Konfliktmanagement der deutschen Wirtschaft [5] zeigen.

Dabei werden insbesondere die Kompetenz- und Managementstrukturen der Unternehmen in den Blick genommen und zur Professionalisierung der Konfliktbearbeitung auf einer operativen Ebene weiterentwickelt. Diese Überlegungen beziehen sich beispielsweise auf das funktionale Design von Konfliktmanagementsystemen sowie deren Implementierung in den Unternehmen [6].

Die empirische Studienreihe von PricewaterhouseCoopers und der Europa-Universität Viadrina dokumentiert jedoch, dass das Thema „Konfliktmanagement" noch nicht in dem erwarteten und erhofften Ausmaß in der deutschen Unternehmenspraxis angekommen ist [2].

Das mag auch daran liegen, dass die langfristigen Wertschöpfungsbeiträge eines professionellen Umgangs mit Unternehmenskonflikten sowie die Relevanz eines systematischen Konfliktmanagements im Kontext einer verantwortungsvollen Unternehmensführung in vielen Unternehmen immer noch [7] unterschätzt werden.

Um diese Lücke zu schließen, wird in diesem Buch nicht zum wiederholten Mal die Fragestellung aufgegriffen „Wie kann das Konfliktmanagement der Unternehmen auf der operativen Ebene (weitergehend) professionalisiert werden?" Stattdessen soll eine motivierende Antwort auf die vorgelagerte Frage gegeben werden „Warum sollten die Unternehmen dieses überhaupt tun?"

---

[7] Für die Fachliteratur wird an dieser Stelle auf die Publikation von Trenczek/Berning/Lenz/Will [4] mit ihren weitergehenden Quellennachweisen Bezug genommen.

[8] Der empirische Befund basiert auf einer 10-jährigen Studienreihe von PricewaterhouseCoopers und der Europa-Universität Viadrina zum Konfliktmanagement, die 2016 ihren Abschluss fand [2].

Die einfache und auch richtige Antwort, „Weil Konflikte Geld kosten!", scheint bisher nicht vollständig zu überzeugen, denn sonst hätten deutlich mehr Unternehmen mit kostensenkenden Konfliktmanagementprogrammen auf die vorliegenden KPMG-Konfliktkostenstudien [8, 9] reagiert.

Im Folgenden geht es darum, die bisher wenig beachtete strategische Perspektive des Konfliktmanagements mit ihren Potenzialen für die Unternehmen zu skizzieren, die enge Verknüpfung von Konflikt- und Risikomanagement im Kontext einer verantwortungsvollen Corporate Governance darzustellen sowie Anknüpfungspunkte für eine strategische Verschränkung operativer Konfliktmanagementstrukturen in Unternehmen aufzuzeigen.

1.3 Konzeption und Leitfragen

Die punktuellen Ausführungen zum strategischen Konfliktmanagement der Unternehmen im Rahmen einer wert- und werteorientierten Unternehmensführung (Corporate Governance) orientieren sich an folgenden Leitfragen, die zugleich die einzelnen Kapitelinhalte anzeigen:

- **Kap. 1:** Worum geht es beim strategischen und operativen Konfliktmanagement der Unternehmen und wodurch unterscheidet sich dieses Buch inhaltlich von anderen Publikationen zum Konfliktmanagement?
- **Kap. 2:** Wie sind die empirischen Befunde zum Konfliktmanagement in (deutschen) Unternehmen, welche politischen Rahmensetzungen waren und sind dafür maßgeblich und was sind die zentralen Erkenntnisse für die Unternehmenspraxis?
- **Kap. 3:** Wie ist ein strategisches Konfliktmanagement im Corporate Governance-Kontext der Unternehmen betriebswirtschaftlich zu verorten?
- **Kap. 4:** In welchen Entwicklungsschritten und durch welche Organisationsstrukturen lässt sich ein strategisches Konfliktmanagement in den Unternehmen erfolgreich etablieren?

- **Kap. 5:** Strategisches Konfliktmanagement und allgemeines Risikomanagement: Wie kann die Notwendigkeit einer integrierten Konflikt- und Risikosteuerung begründet und in den Risikomanagementsystemen der Unternehmen umgesetzt werden?
- **Kap. 6:** Strategisches Konfliktmanagement und spezielles Risikomanagement: Inwieweit kann ein strategisch verschränktes Konfliktmanagement zur Reduzierung von Nachhaltigkeits-, Compliance- und New Work-Risiken der Unternehmen beitragen?
- **Kap. 7:** Wie lässt sich ein strategisches Konfliktmanagement in Unternehmen implementieren und wann sind dessen ökonomische Grenzen erreicht?
- **Kap. 8:** Was ist als Gesamtfazit zum strategischen Konfliktmanagement der Unternehmen festzuhalten und vor welchen Zukunftsaufgaben stehen Wirtschaft und Wissenschaft?
- **Kap. 9 (Anhang):** Wie lassen sich Konfliktkosten und konfliktbedingte Unternehmenswertverluste in betriebswirtschaftlichen Modellen darstellen und quantifizieren?

Literatur

1. Glasl, F. (2020). *Konfliktmanagement. Ein Handbuch für Führung, Beratung und Mediation.* Haupt.
2. PricewaterhouseCoopers/Europa-Universität Viadrina (Hrsg.). (2016). *Konfliktmanagement in der deutschen Wirtschaft.* Entwicklungen eines Jahrzehnts.
3. Macharzina, K., & Wolf, J. (2023). *Unternehmensführung: Das internationale Managementwissen. Konzepte – Methoden – Praxis.* Springer-Gabler.
4. Trenczek, T., Berning, D., Lenz, C., & Will, H.-D. (Hrsg.). (2017). *Mediation und Konfliktmanagement. Handbuch.* Nomos.
5. Round Table Mediation und Konfliktmanagement der deutschen Wirtschaft (RTMKM). https://www.rtmkm.de/. Zugegriffen am 24.10.2024.
6. Faller, K., Fechler, B., & Kerntke, W. (Hrsg.). (2014). *Systemisches Konfliktmanagement: Modelle und Methoden für Berater, Mediatoren und Führungskräfte.* Schäffer-Poeschel.

7. PricewaterhouseCoopers/Europa-Universität Viadrina. (Hrsg.). (2013). *Konfliktmanagement als Instrument werteorientierter Unternehmensführung.*
8. KPMG Wirtschaftsprüfungsgesellschaft. (Hrsg.). (2009). *Konfliktkostenstudie. Die Kosten von Reibungsverlusten in Industrieunternehmen.*
9. KPMG Wirtschaftsprüfungsgesellschaft. (Hrsg.). (2012). *Konfliktkostenstudie II. Best Practice Konflikt(kosten)-Management – Der wahre Wert der Mediation.*

2

Rahmensetzungen und Befunde zum Konfliktmanagement deutscher Unternehmen

Zusammenfassung Zur weiteren Umsetzung des Europäischen Binnenmarkts wurden seit 2002 in der Europäischen Union mehrere Rechtsakte auf den Weg gebracht (z. B. die Mediationsrichtlinie sowie die Richtlinie über die alternative Beilegung verbraucherrechtlicher Streitigkeiten) und in nationales Recht umgesetzt, um in den Mitgliedstaaten eine effiziente und interessenwahrende Klärung von Konflikten außerhalb der Gerichte zu fördern. Diese Rahmensetzungen wurden in Deutschland von mehreren empirischen Studien zum Konfliktmanagement der Unternehmen begleitet, die aufzeigen, dass das ökonomische Potenzial des Konfliktmanagements nach wie vor (signifikant) unterschätzt wird und in der deutschen Wirtschaft zumeist ungenutzt bleibt. Die daraus abgeleiteten Impulse für das zukünftige Handeln der Unternehmen beziehen sich im Wesentlichen nur auf das operative Konfliktmanagement und dessen Einbindung in die etablierten Managementsysteme der Unternehmen.

T. Knobloch, *Strategisches Konfliktmanagement*,
https://doi.org/10.1007/978-3-658-47671-7_2

2.1   Europapolitische Rahmensetzungen im Binnenmarkt

Erklärtes Ziel der Europäischen Union ist es, neben dem Frieden und den Werten der Union das Wohlergehen ihrer Völker zu fördern und deren Lebens- und Beschäftigungsbedingungen stetig zu verbessern. So ist es in den Präambeln des Vertrags über die Europäische Union [1] und des Vertrags über die Arbeitsweise der Europäischen Union [2] festgeschrieben.

An diesem Ziel richten sich die politischen Rahmensetzungen der Europäischen Union aus, die schon seit vielen Jahren einen funktionierenden Binnenmarkt verwirklichen sollen, in dem der freie Verkehr von Waren, Personen, Dienstleistungen und Kapital zwischen den Mitgliedstaaten im Rahmen der Verträge gewährleistet ist. Mit der Binnenmarktpolitik der Europäischen Union war und ist die Erwartung verbunden, dass die Binnenmarktfreiheiten eine Intensivierung des grenzüberschreitenden Wettbewerbs mit positiven Wachstums-, Beschäftigungs- und Verteilungseffekten in der Europäischen Union bewirken [3].

Mit der zunehmenden Verwirklichung des europäischen Binnenmarkts nahmen in der Vergangenheit auch die grenzübergreifenden Streitigkeiten zwischen Personen und/oder Unternehmen verschiedener Mitgliedstaaten zu, die mit schwerfälligen Verfahren mehr und mehr zu einer Überlastung der Gerichte und für die streitenden Parteien zu hohen Kosten führten. Nicht zuletzt diese Entwicklung veranlasste den Rat und die Kommission der Europäischen Union 2002 dazu, ein Grünbuch[1] über alternative Verfahren zur Streitbeilegung im Zivil- und Handelsrecht zu erstellen.

---

[1] Mit ihren „Grünbüchern" richtet sich die Europäische Kommission an die Öffentlichkeit, um einen grundlegenden Dialog mit interessierten Institutionen und/oder Einzelpersonen zu politischen Überlegungen und Vorschläge auf europäischer Ebene in Gang zu setzen. Aus den öffentlichen politischen Diskursen können dann Gesetzgebungsinitiativen der Europäischen Kommission resultieren, die in sogenannten „Weißbüchern" weitergehend beschrieben und vorgestellt werden [4].

Alternative Streitbeilegungsverfahren (ADR-Verfahren[2]) sind konsens-orientierte Methoden und Konzepte der Konfliktbearbeitung. Nach der Auffassung der Europäischen Kommission werden diese Verfahren den komplexen Streitgegenständen in vielen Fällen besser gerecht als Gerichtsverfahren und tragen darüber hinaus dazu bei, den sozialen Frieden zwischen den Parteien nach der Beendigung ihrer Konflikte zu bewahren. Zudem können etablierte ADR-Verfahren in den Mitgliedstaaten zur gewünschten Entlastung der Gerichte sowie zu einem besseren Zugang zum Recht führen [5].

Verfahren alternativer Streitbeilegung (ADR-Verfahren)
Für die Verfahren der alternativen Streitbeilegung wird zwischen „ADR im Rahmen eines gerichtlichen Verfahrens", die von einem Richter geleitet oder an Dritte übertragen werden, und „Nichtgerichtlichen ADR-Verfahren", von denen streitende Parteien außerhalb eines Gerichtsverfahrens Gebrauch machen, unterschieden. Bei den nichtgerichtlichen ADR-Verfahren wird weitergehend danach differenziert, ob am Verfahrensende eine rechtlich bindende Entscheidung (Beispiel: Schiedsgericht) oder lediglich eine unverbindliche Empfehlung (Beispiel: Schlichtung) steht. Hinzu kommen ADR-Verfahren, die Konfliktparteien lediglich dabei unterstützen, eine eigene Lösung für ihren Streit zu erarbeiten, jedoch keine Entscheidung oder Empfehlungen beinhalten (Beispiel: Mediation) [5].

Mediationsrichtlinie der Europäischen Union in Zivil- und Handelssachen
Zu den außergerichtlichen ADR-Verfahren gehört auch die Mediation, die sich zum einen dadurch auszeichnet, dass sie auf die Bedürfnisse und Interessen der streitenden Parteien zugeschnitten ist und die im Konsens erarbeiteten Vereinbarungen und Lösungen verträgliche Beziehungen wahrscheinlicher machen. Zum anderen sind Mediationsverfahren

---

[2] Für die „Alternative Streitbeilegung" hat sich in der Praxis der englischsprachige Begriff „Alternative Dispute Resolution" und das zugehörige Akronym „ADR" etabliert, sodass in der Literatur verkürzt von ADR-Verfahren gesprochen wird.

oftmals kostengünstiger als Gerichtsverfahren und verschaffen mit kürzeren Verfahrensdauern zudem einen schnelleren Zugang zum Recht.

Aufgrund dieser Vorteile, die bei grenzüberschreitenden Konflikten noch deutlicher zutage treten, wurde in der Europäischen Union die „Mediationsrichtlinie" [6] verabschiedet, um

> „den Zugang zur alternativen Streitbeilegung zu erleichtern und die gütliche Beilegung von Streitigkeiten zu fördern, indem zur Nutzung der Mediation angehalten und für ein ausgewogenes Verhältnis zwischen Mediation und Gerichtsverfahren gesorgt wird." [6]

Die Mediationsrichtlinie gilt nur für grenzüberschreitende Streitigkeiten in Zivil- und Handelssachen, lässt jedoch weitergehende nationale Rechtsvorschriften in den Mitgliedstaaten zu.

Die Umsetzung der Mediationsrichtlinie in nationales Recht erfolgte durch das „Mediationsgesetz",[3] wobei mit dem Regierungsentwurf des Gesetzes in Analogie zu den ADR-Verfahren zwischen gerichtsinternen Mediationen, gerichtsnahen Mediationen und außergerichtlichen Mediationen unterschieden wird [7].

In Anlehnung an die Mediationsrichtlinie definiert das Mediationsgesetz die Mediation in § 1 Absatz 1 MediationsG wie folgt:

> „Mediation ist ein vertrauliches und strukturiertes Verfahren, bei dem Parteien mithilfe eines oder mehrerer Mediatoren freiwillig und eigenverantwortlich eine einvernehmliche Beilegung ihres Konflikts anstreben."

Durch das Mediationsgesetz wurde in Deutschland ein belastbarer rechtlicher Rahmen mit qualitativen Mindestanforderungen sowohl für die Mediationsverfahren auch als auch für die beteiligten Mediatoren geschaffen, der nicht mehr zwischen grenzübergreifenden und nationalen Streitigkeiten unterscheidet.

Sowohl mit der europäischen Mediationsrichtlinie als auch mit dem deutschen Mediationsgesetz sollte die außergerichtliche Konfliktregelung und in besonderem Maße die Mediation stärker im Bewusstsein der Be-

---

[3] Gesetz zur Förderung der Mediation und anderer Verfahren der außergerichtlichen Konfliktbeilegung vom 21. Juli 2012 (MediationsG).

völkerung verankert und Einfluss auf die Streitkultur der beteiligten Konfliktparteien genommen werden. Die geschaffenen Anreize stellen damit auch auf das Konfliktmanagement der Unternehmen ab, denn auch in Unternehmen ist eine einvernehmliche Streitbeilegung einer richterlichen Entscheidung betriebswirtschaftlich und volkswirtschaftlich vorzuziehen ist [7].

Die im Gesetzgebungsverfahren herausgearbeiteten Vorzüge der Mediationsverfahren passen damit zur Interpretation des Konfliktmanagements als Interessenmanagement der Unternehmen.

ADR-Richtlinie und ODR-Verordnung in Verbraucherangelegenheiten

Verbunden mit dem europäischen Binnenmarkt ist ein hohes Schutzniveau der Verbraucher, das Vertrauen in den Markt stärken und mehr Wachstum im grenzüberschreitenden Verkehr von Waren und Dienstleistungen generieren soll. Um dieses Ziel zu erreichen, wurden in der Europäischen Union in einem weiteren Schritt die „Richtlinie über die alternative Beilegung verbraucherrechtlicher Streitigkeiten" (ADR-Richtlinie) sowie die „Verordnung über die Online-Beilegung verbraucherrechtlicher Streitigkeiten" (ODR-Verordnung) auf den Weg gebracht, deren Zielsetzungen wie folgt beschrieben werden:

> „Der Zweck dieser Richtlinie ist es, durch das Erreichen eines hohen Verbraucherschutzniveaus zum reibungslosen Funktionieren des Binnenmarkts beizutragen, indem dafür gesorgt wird, dass Verbraucher auf freiwilliger Basis Beschwerden gegen Unternehmer bei Stellen einreichen können, die unabhängige, unparteiische, transparente, effektive, schnelle und faire AS-Verfahren[4] anbieten." [8]

> „Der Zweck dieser Verordnung ist es, durch Erreichen eines hohen Verbraucherschutzniveaus zum reibungslosen Funktionieren des Binnenmarktes (...) beizutragen, indem eine Europäische OS-Plattform[5] (...) ein-

---

[4] „AS" steht in der Richtlinie für „Alternative Streitbeilegung".
[5] „OS" steht in der Verordnung für „Online-Streitbeilegung".

gerichtet wird, die eine (…) Online-Beilegung von Streitigkeiten zwischen Verbrauchern und Unternehmern ermöglicht." [9]

Umgesetzt in deutsches Recht wurde die ADR-Richtlinie durch das „Verbraucherstreitbeilegungsgesetz – VSBG".[6] Mit diesem Gesetz stehen den Verbrauchern für Streitigkeiten mit Unternehmern aus Verbraucherverträgen außergerichtliche Streitbeilegungsstellen zur Verfügung. Diese Stellen sind nicht auf ein ADR-Verfahren festgelegt und erfüllen gesetzliche Mindestanforderungen bezüglich Fachwissen, Unparteilichkeit, Unabhängigkeit und Transparenz.

Zu den Vorteilen einer außergerichtlichen Streitbeilegung nach dem Verbraucherstreitbeilegungsgesetz werden auf der Verbraucherseite die Qualitätssicherung der Verfahren, ein erleichterter Zugang zum Recht sowie höhere Kosten und Risiken von Gerichtsverfahren angeführt. Unternehmen profitieren von kürzeren Verfahrensdauern und geringeren Verfahrenskosten sowie einer höheren Kundenbindung infolge einvernehmlicher Konfliktlösungen. Zudem können die Bereitschaft eines Unternehmens zur außergerichtliche Konfliktklärung und die Inanspruchnahme etablierter Streitbeilegungsstellen positive Auswirkungen auf das Unternehmensimage entfalten [10].

Damit ist auch in diesem Gesetzgebungsprozess das ökonomische Potenzial eines strategischen Konfliktmanagements der Unternehmen angedeutet.

Mit dem politisch gesetzten Rechtsrahmen zur Förderung der außergerichtlichen Streitbeilegung im EU-Binnenmarkt sind entsprechende Erwartungen an das Konfliktmanagement der Unternehmen verbunden, die weitergehende Studien und Initiativen zum Konfliktverhalten und sowie zur professionellen Bearbeitung von Unternehmenskonflikten auf den Weg brachten.

---

[6] Gesetz über die alternative Streitbeilegung in Verbrauchersachen vom 19. Februar 2016 (Verbraucherstreitbeilegungsgesetz – VSBG).

2.2 Empirische Befunde: Studienreihen von PwC und KPMG zum Konfliktmanagement

Das zunehmende Interesse der Unternehmen an einer effektiven außergerichtlichen Beilegung ihrer Unternehmenskonflikte führte zur Studienreihe von PricewaterhouseCoopers (PwC) und der Europa-Universität Viadrina (EUV) zum Konfliktmanagements deutscher Unternehmen [11] sowie zu den Konfliktkostenstudien der Wirtschaftsprüfungsgesellschaft KPMG [12].

Konfliktbearbeitungsverfahren im Vergleich
Die erste PwC/EUV-Studie (2005) zum Konfliktmanagement trägt den Titel „Commercial Dispute Resolution – Konfliktbearbeitungsverfahren im Vergleich" und geht empirisch der Frage nach, wie Konflikte zwischen Unternehmen tatsächlich bearbeitet werden. Betrachtet werden die in der Wirtschaftspraxis bekannten Verfahren des Konfliktmanagements (Verhandlung, Gerichtsverfahren, Schiedsgerichtsverfahren, Schiedsgutachten, Schlichtung und Mediation) bezüglich ihrer Nutzung sowie den damit verbundenen Präferenzen und Entwicklungstrends in den Unternehmen.

Das zentrale Ergebnis dieser Analyse in Tab. 2.1 überrascht: Die Studie identifiziert eine Diskrepanz zwischen der tatsächlichen Nutzung der betrachteten Konfliktbearbeitungsverfahren zur Beilegung von Streitig-

Tab. 2.1 Nutzung und Bewertung ausgewählter Verfahren der Konfliktbearbeitung in der Unternehmenspraxis. (Quelle: Eigene Darstellung in Anlehnung an die erste PwC/EUV-Studie [11])

Nutzung der Verfahren	Rangfolge	Bewertung der Verfahren
Verhandlung	1	Verhandlung
Gerichtsverfahren	2	Mediation
Schiedsgerichtsverfahren	3	Schlichtung
Schiedsgutachten	4	Schiedsgutachten
Schlichtung	5	Schiedsgerichtsverfahren
Mediation	6	Gerichtsverfahren

Die Ermittlung der Rangfolgen für die Verfahren basiert auf mittleren Vorteilswerten mehrerer Bewertungskriterien

keiten und der abstrakten Bewertung ihrer Vor- und Nachteile durch die befragten Unternehmen [11].

Bis auf die einvernehmliche Einigung der streitenden Parteien selbst (Verhandlung) widerspricht die konkrete Verfahrensnutzung in Konfliktsituationen nicht den Präferenzen und Einstellungen in den Unternehmen. Sofern Verhandlungslösungen im Streitfall erfolglos bleiben, wird in vielen Fällen direkt ein Gerichtsverfahren angestrebt, ohne zuvor alternativ eine außergerichtliche Streitbeilegung zu versuchen.

Besonders auffällig ist, dass sich bei den alternativen Konfliktbearbeitungsverfahren für die Mediation die höchsten mittleren Vorteilswerte ergeben, Mediationsverfahren in der Unternehmenspraxis jedoch in den seltensten Fällen zur Streitbeilegung genutzt werden.

Erklärungshypothesen für diesen Befund sind die noch fehlende praktische Erfahrung der befragten Unternehmen mit den grundsätzlich präferierten ADR-Verfahren sowie die Neigung zur Beibehaltung vertrauter Verhaltensweisen [11].

Praxis des Konfliktmanagements deutscher Unternehmen

Die in der ersten PwC/EUV-Studie identifizierte Diskrepanz zwischen der Vorteilsbewertung alternativer Konfliktbearbeitungsverfahren und dem tatsächlichen Vorgehen der Unternehmen im Konfliktfall verlangte nach einer weitergehenden Analyse, die Gegenstand einer zweiten PwC/EUV-Studie (2007) mit dem Titel „Praxis des Konfliktmanagements deutscher Unternehmen" ist.

Diese qualitative Folgestudie beinhaltet einen Hypothesentest zu mehreren Erklärungsansätzen[7] für das inkongruente Konfliktverhalten der Unternehmen mit folgenden Ergebnissen [13]:

• Praxis- und Theorielücke: Der eher verhaltene Einsatz außergerichtlicher Konfliktbearbeitungsverfahren resultiert maßgeblich aus geringen praktischen Erfahrungen (Praxislücke) sowie unvollständigen theoretischen Kenntnissen (Theorielücke) in den Unternehmen.

---

[7] In der PwC/EUV-Studie wird auf die möglichen Wechselwirkungen der erklärenden Hypothesen hingewiesen (z. B. zwischen den Systemwiderständen und der identifizierten Praxis- und Theorielücke).

- Systemwiderstände: Etablierte Denk- und Verhaltensmuster verbunden mit einem geringen Leidensdruck der beteiligten Personen beeinträchtigen in den Unternehmen die Weiterentwicklung des Konfliktmanagements.
- Optimierungsbedürftige Managementprozesse: Die Bearbeitung von Unternehmenskonflikten erfolgt in vielen Fällen wenig systematisch und ist explizit weder in die Managementprozesse noch in die existierenden Managementsysteme integriert.

Um die Inkongruenzen zwischen dem tatsächlichen Einsatz und den abweichenden Bewertungen der alternativen Streitbeilegungsverfahren zu überwinden und das Konfliktmanagement in den Unternehmen innovativ weiterzuentwickeln, werden in der Folgestudie als Handlungsempfehlungen unter anderem

- der Erwerb von Managementkompetenzen im Unternehmen zur professionellen Bearbeitung von Konfliktsituationen,
- die Erarbeitung einer Strategie mit veränderten Strukturen für den Umgang mit Unternehmenskonflikten unter Einbeziehung der Unternehmensleitung,
- die Entwicklung eines eigenen Managementmodells für die systematische Konfliktbearbeitung sowie
- die Behebung von Informationslücken in den Unternehmen durch gezielte Fort- und Weiterbildungen auf dem Gebiet des Konfliktmanagements

genannt [13].

In der Zusammenfassung der wesentlichen Ergebnisse der zweiten PwC/EUV-Studie findet sich als Fazit:

„Die qualitative Nachklärung der Studie 2005 verdeutlicht: Unternehmensjuristen sollten ihre Rolle als Rechtsanwender erweitern und sich zu aktiven Konfliktmanagern wandeln, die betriebliche Managementmodelle und -prinzipien auf die Konfliktbearbeitung in ihren Unternehmen übertragen.

Dies bedeutet, in der Konfliktbearbeitung das gesamte zur Verfügung stehende Verfahrensspektrum einzubeziehen, bei der Verfahrensauswahl wirtschaftliche Aspekte verstärkt zu berücksichtigen und die betrieblichen Prozesse zu optimieren." [13]

Kosten von Reibungsverlusten in Industrieunternehmen

Parallel zu der PwC/EUV-Studienreihe greift die Wirtschaftsprüfungsgesellschaft KPMG in Zusammenarbeit mit der Hochschule Regensburg und der Fachhochschule Bern in einer zweiteiligen Studienreihe das Thema der Konfliktkosten auf, deren Bedeutung in der betriebswirtschaftlichen Diskussion zum Konfliktmanagement vielfach unterschätzt wird.

Die KPMG-Konfliktkostenstudie [12] nimmt mit ihrem Untertitel „Kosten von Reibungsverlusten in Industrieunternehmen" unternehmensinterne Konflikte in den Blick und definiert Konfliktkosten als jeden durch Konflikte (mit)verursachten Verbrauch betrieblicher Ressourcen.

Unterschieden wird zwischen dysfunktionalen Konfliktkosten, mit einem ausschließlich negativen Beitrag zum Unternehmenserfolg (Beispiel: Kosten durch konfliktbedingte Produktivitätsverluste), und funktionalen Konfliktkosten, die einen positiven Beitrag zum Erfolg eines Unternehmens leisten (Beispiel: Personalkosten durch konfliktbedingte Teammeetings, die anschließend zu einem verbesserten Projektmanagement führen).

Die modellhafte Diskussion der zentralen Einflussgrößen der Kostenentstehung in einem „Circle of Conflict" mit vernetzten Wirkungsbeziehungen lässt für das Konflikt(kosten)management ein erhebliches Reduzierungspotenzial erkennen, zu dem die Studie unter anderem empirisch feststellt:

„10 bis 15 Prozent der Arbeitszeit in jedem Unternehmen werden für Konfliktbewältigung verbraucht.

30 bis 50 Prozent der wöchentlichen Arbeitszeit von Führungskräften werden direkt oder indirekt mit Reibungsverlusten, Konflikten oder Konfliktfolgen verbracht." [12]

Die erste KPMG-Konfliktkostenstudie arbeitet anschaulich heraus, welche Relevanz das Konfliktmanagement für die Weiterentwicklung der Unternehmensorganisation und zuweilen auch für die Vermeidung bzw. Überwindung krisenhafter Entwicklungen in Unternehmen haben kann.

Konfliktmanagement – Von den Elementen zum System
Unter dem Titel „Konfliktmanagement – Von den Elementen zum System" greift die dritte PwC/EUV-Studie (2011) die zuvor erarbeiteten Handlungsempfehlungen auf und thematisiert in enger Zusammenarbeit mit dem zwischenzeitlich gegründeten Round Table Mediation und Konfliktmanagement der deutschen Wirtschaft (RTMKM) aus einer nachhaltigen Systemperspektive das Konfliktmanagement deutscher Unternehmen [14].

Als Konfliktmanagementsystem vorgestellt wird das „VIADRINA-Komponentenmodell", das aus mehreren funktionalen Bausteinen (Komponenten) besteht, deren Zusammenwirken auf der Basis eines normierten Regelgefüges über eine Steuerungsinstanz koordiniert wird (Abschn. 5.2). Systemseitig eingebunden in das Komponentenmodell ist dessen Integration in die bestehende Unternehmenskultur.

Da für jede Modellkomponente mehrere Systemelemente zur Verfügung stehen, ermöglicht das Komponentenmodell ein flexibles Systemdesign, das den individuellen Anforderungen der Unternehmen an ein systematisches Konfliktmanagement entspricht und an keinen besonderen Konflikttyp gebunden ist [14].

Auch die dritte PwC/EUV-Studie schließt mit zukunftsweisenden Anregungen zum Konfliktmanagement, die sich wie folgt zusammenfassen lassen:

• Einführung von personenunabhängigen (nachhaltigen) Konfliktmanagementstrukturen im Rahmen eines Gesamtplans für das Konfliktmanagement,
• Bekenntnis der Unternehmensleitung zu einem systematischen Konfliktmanagement mit klaren Zielvorgaben und adäquater Finanzierung,

- Verzahnung der Rechts- und/oder Personalabteilungen mit den bereits etablierten Strukturen des Konfliktmanagements und Kompatibilität ihrer Arbeitsweisen,
- Controlling und Qualitätssicherung auch des Konfliktmanagements der Unternehmen.

Die empirische Grundlage für diese Handlungsempfehlungen bilden mehrere separate Fokusstudien. Diese sind in der PwC/EUV- Studie enthalten und veranschaulichen exemplarisch das Spektrum der Konfliktbearbeitung innerhalb systematischer Managementstrukturen bzw. beleuchten die Möglichkeiten ihrer Etablierung [14].

Best Practice Konflikt(kosten)-Management
Die KPMG-Folgestudie knüpft in ihrer Systematik an das Circle of Conflict-Modell an und benennt unter dem Titel „Best Practice Konflikt(kosten)-Management 2012 – Der wahre Wert der Mediation" ihre zentralen Inhalte.

Im ersten Teil der KPMG-Studie (2012) werden die Konfliktkosten für mehrere Praxisfälle exemplarisch berechnet und die Kalkulationsergebnisse für die Unternehmenskonflikte in einem Fazit zusammengefasst und interpretiert.

Die absolute Höhe der berechneten Konfliktkosten überraschte auch für kleine Unternehmenskonflikte den an der Studie mitwirkenden Personenkreis und bestätigt die Relevanz des Konfliktmanagements für eine betriebswirtschaftliche Unternehmensführung [15].

Der zweite Teil der KPMG-Studie nimmt explizit Bezug auf das im selben Jahr verabschiedete Mediationsgesetz und setzt sich mit der Mediation und ihrem Managementkontext auseinander. Thematisiert werden insbesondere die Bezüge der Mediation zur Unternehmenskultur (Konflikt-, Kommunikations- und Vertrauenskultur) sowie die Herausforderungen für die Personalentwicklung.

Die KPMG-Konfliktkostenstudien schließen für das Management der Unternehmenskonflikte mit der Aussage:

„Der unternehmerische Nutzen eines systematischen Konfliktmanagements wird zunehmend erkannt. (…) Aus der anfänglichen Überzeugung, durch Implementierung von Mediation die Unternehmenskultur zu stärken, interne Konfliktkosten massiv zu senken, die Zusammenarbeit und Effizienz im Unternehmen oder Unternehmensverbund zu fördern, ist inzwischen die gesicherte Erfahrung geworden, dass Mediation tatsächlich wertvolle Beiträge hierzu liefert. (…)" [15]

Konfliktmanagement als Instrument werteorientierter Unternehmensführung

In enger Zusammenarbeit mit dem RTMKM stellt die vierte empirische PwC/EUV-Studie (2013) für das Konfliktmanagement zunächst ein modifiziertes Viadrina-Komponentenmodell 2.0 vor, das mit seiner nachjustierten Struktur stärker an die Unternehmenspraxis angepasst ist [16].

Im Zentrum der Studie mit dem wegweisenden Titel „Konfliktmanagement als Instrument werteorientierter Unternehmensführung" steht die Weiterentwicklung der operativen Strukturen des Konfliktmanagements. Die Ausführungen beziehen sich auf sieben Professionalisierungsperspektiven [16]:

• Metaperspektive: Zusammenführung der Einzelfallaktivitäten sowohl für interne als auch für externe Unternehmenskonflikte in einem übergeordneten Konfliktmanagementsystem,
• Systemperspektive: Betriebswirtschaftliche Verzahnung des Konfliktmanagements mit anderen Managementsystemen,
• Kostenperspektive: Kostenrechnerische Analyse der Konfliktkosten und Wertbeiträge des Konflikt(kosten)managements,
• Managementperspektive: Integriertes Konflikt- und Risikomanagement sowie Entwicklung zugehöriger systemischer Kompetenzen der Führungskräfte,
• Qualitätsperspektive: Etablierung belastbarer Qualitätsstandards sowohl für die Strukturen als auch die Akteure des Konfliktmanagements,

- Controllingperspektive: Entwicklung eines spezifischen Instrumentariums für das Controlling und die Koordination der Konfliktmanagementprozesse,
- Ethikperspektive: Berücksichtigung auch ethischer Fragestellungen zur Legitimierung und Verantwortung der Konfliktmanagementstrukturen.

Als Fazit dieser qualitativ angelegten PwC/EUV-Studie wird festgehalten, dass eine systematische Professionalisierung des Konfliktmanagements entlang der genannten Perspektiven nach innen und außen Ausdruck einer werteorientierten Unternehmenspolitik ist. Die daraus konkret abzuleitenden Handlungsempfehlungen richten sich nach dem jeweiligen Etablierungsgrad des Konfliktmanagements in den Unternehmen [16].

Konfliktmanagement in der deutschen Wirtschaft – Entwicklungen eines Jahrzehnts
Das langfristige Forschungsprojekt von PricewaterhouseCoopers und der Europa-Universität Viadrina zur Praxis des Konfliktmanagements findet seinen Abschluss unter dem Studientitel „Konfliktmanagement in der deutschen Wirtschaft – Entwicklungen eines Jahrzehnts".

Die letzte PwC/EUV-Studie (2016) stellt mit der zunehmenden Anzahl empirischer Studien zu Fragen des Konfliktmanagements Veränderungen in der internationalen Forschungslandschaft[8] fest und dokumentiert rückblickend, dass das Thema „Professionalisierung des Konfliktmanagements" auch bei den befragten Unternehmen angekommen ist [17].

Bei der Bearbeitung externer und interner Unternehmenskonflikte kommen vor der Einschaltung der Gerichte zunehmend ADR-Verfahren zum Einsatz, wobei kleine und mittelgroße sowie nicht international tä-

---

[8] Die PwC/EUV-Abschlussstudie gibt zu Beginn einen Überblick über den Forschungskontext der Studienreihe und verweist für das Konfliktmanagement der Unternehmen auf ausgewählte internationale Studien zu den Themen ADR-Verfahren, Konfliktkosten, Arbeitsplatzkonflikte, Führungskräfteverhalten, Verhandlungen und Konfliktmanagementsysteme.

tige Unternehmen in externen Business-to-Business-Konflikten deutlich zurückhaltender agieren [17].

Die PwC/EUV-Abschlussstudie lässt auch verhalten eine fortschrittliche Entwicklung bei der Etablierung professioneller Strukturen und Systeme des Konfliktmanagements erkennen und hält zu diesem zentralen Punkt der Studienreihe als Befund fest:

„Zugleich werden die Bemühungen um einen konstruktiveren Umgang mit Konflikten immer noch in fast allen Unternehmen strukturell erschwert und ausgebremst. (...)

Der weitere Auf- und Ausbau der KM-Strukturen hat für alle Konfliktbereiche sehr hohe Priorität, die inhaltlichen Schwerpunkte unterscheiden sich jedoch." [17]

2.3 Zukunftsbild des Round Table Mediation und Konfliktmanagement der deutschen Wirtschaft

Gründung und Idee des RTMKM

Mit der politischen Rahmensetzung durch die Mediationsrichtlinie und das Mediationsgesetz rückten die protegierten Verfahren der alternativen Streitbeilegung und vornehmlich die Mediation mehr und mehr ins Blickfeld der Unternehmen [18].

In Deutschland führten vor allem die in den ersten PwC/EUV-Studien identifizierte Praxis- und Theorielücke sowie das festgestellt inkongruente Verhalten der Unternehmen bei der Verfahrenswahl im Jahr 2008 zur Gründung des Round Table Mediation und Konfliktmanagement der deutschen Wirtschaft (RTMKM).

Der „Round Table" ist seitdem ein Forum für Unternehmensvertreter, die sich der Förderung alternativer Konfliktlösungsverfahren im Allgemeinen und der Mediation im Besonderen verschrieben haben [19].

Vision für das Konfliktmanagement der Unternehmen

Die zukunftsorientierte Arbeit des RTMKM beruht auf einer gemeinsamen Vision seiner Mitglieder, die aktuell wie folgt formuliert ist:

> „In Unternehmen der deutschen Wirtschaft sind die Methoden, Instrumente und Akteure, die im Bereich Konfliktprävention und -lösung eingesetzt werden, effizient vernetzt. Das Thema Konfliktmanagement ist institutionell und organisatorisch in den Unternehmen fest verankert. Der Beitrag eines wirksamen Konfliktmanagements für den ideellen, strategischen und wirtschaftlichen Erfolg eines Unternehmens ist allgemein anerkannt.
>
> Insbesondere Mediation ist bei deutschen Unternehmen als wichtiger Baustein eines modernen Konfliktmanagementsystems anerkannt und wird in geeigneten Streitfällen regelmäßig und erfolgreich zum Zwecke der nachhaltigen, interessengerechten Konfliktlösung eingesetzt. (…)" [20]

Dieses Zukunftsbild bildet die Leitlinie für das Handeln der im RTMKM zusammengeschlossenen Unternehmensvertreter von gegenwärtig mehr als 60 Mitgliedsunternehmen ganz unterschiedlicher Branchen.[9] Wissenschaftlich begleitet werden sie dabei von der Europa-Universität Viadrina[10] [20].

2.4 Impulse für das zukünftige Handeln

Die empirischen Studien und Befunde zum Konfliktmanagement deutscher Unternehmen, die als Meilensteine der Diskussion noch einmal in Abb. 2.1 zusammengestellt sind, können im Wesentlichen der operativen Unternehmensführung zugeordnet werden. Sie knüpfen an das beobachtete Verhalten der Unternehmen im Konfliktfall an und zeigen praktische Ansatzpunkte zur Weiterentwicklung der organisatorischen und personellen Strukturen zum Umgang mit internen und externen Unternehmenskonflikten im Tagesgeschäft der Unternehmen auf.

---

[9] Stand: Juli 2024.

[10] Institut für Konfliktmanagement der Europa-Universität Viadrina, Frankfurt (Oder) [21].

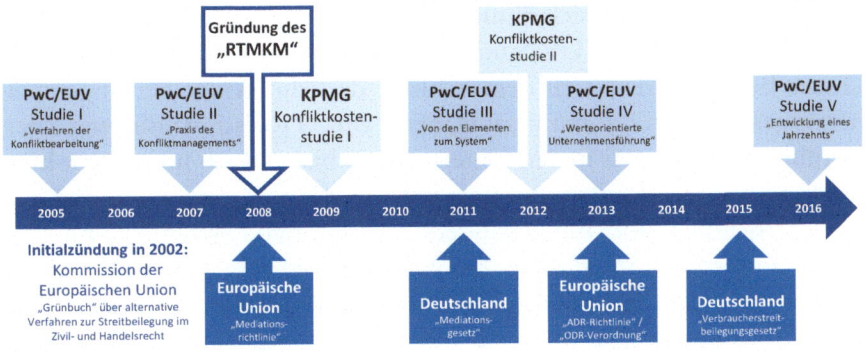

Abb. 2.1 Rahmensetzung und Befunde zum Konfliktmanagement deutscher Unternehmen

Die wegweisenden Überlegungen betreffen Verfahren, Prozesse sowie Kompetenzen zur professionellen Konfliktbearbeitung und führen in der PwC/EUV-Abschlussstudie – basierend auf der Zusammenarbeit mit dem Round Table Mediation und Konfliktmanagement der deutschen Wirtschaft – zu folgenden Empfehlungen:

- Verbesserung der Kommunikation mit Mitarbeitern, Geschäftspartnern und Kunden zur Wirkungsweise und Verfügbarkeit alternativer Streitbeilegungskonzepte (Reduzierung der Informations- und Praxislücke in den Unternehmen),
- Berücksichtigung auch der qualitativen Dimension des Konfliktmanagements im Kontext einer langfristig ziel- und werteorientierten Unternehmensführung,
- Gewährleistung einer hinreichenden Qualifikation und konstruktiven Haltung der als „Konfliktmanager" in den Unternehmen agierenden Personen sowie
- Abstimmung und inhaltliche Verzahnung der Strukturen des Konfliktmanagements mit anderen Managementsystemen (z. B. zum Beschwerde-, Risiko- und Gesundheitsmanagement).

Diese Anregungen zeigen für das Konfliktmanagement der Unternehmen eine Verschiebung der Diskussion von den operativen Fragestellungen der letzten Jahre zu den strategischen Aspekten des Konfliktmanagements.

Dabei fällt auf, dass sich ähnliche Empfehlungen bereits an mehreren Stellen in den PwC/EUV-Studien zum Konfliktmanagement finden. Dieser Befund verleitet zu dem Schluss, dass die in der Vergangenheit herausgearbeiteten Zukunftsaufgaben zur Professionalisierung des Konfliktmanagements in den Unternehmen bisher doch noch nicht hinreichend wahrgenommen und umgesetzt wurden.

Unternehmen sind mit veränderten Strukturen, Systemen und Geschäftsprozessen immer dann besonders erfolgreich, wenn diese Veränderungen nicht isoliert vorgenommen werden, sondern vielmehr Bestandteil eines abgestimmten und vernetzten Strategiekonzepts sind, welches konsequent auf das Erreichen der langfristigen Unternehmensziele ausgerichtet ist.

Das gilt auch für das Konfliktmanagement der Unternehmen, sodass das zukünftige Handeln auch in diesem Managementsegment aus der übergeordneten Perspektive der strategischen Unternehmensführung betrachtet und entsprechend verortet werden sollte.

Literatur

1. Europäische Union. (2016). *Vertrag über die Europäische Union. Konsolidierte Fassung (ABl. C 202/3 vom 07.06.2016).* https://eur-lex.europa.eu/legal-content/DE/TXT/PDF/?uri=CELEX:12016M/TXT&from=EN. Zugegriffen am 24.10.2024.
2. Europäische Union. (2016). *Vertrag über die Arbeitsweise der Europäischen Union. Konsolidierte Fassung (ABl. C 202/47 vom 07.06.2016).* https://eur-lex.europa.eu/legal-content/DE/TXT/PDF/?uri=CELEX:12016E/TXT&from=EN. Zugegriffen am 24.10.2024.
3. Europäische Union. (2023). *Binnenmarktakte.* https://eur-lex.europa.eu/legal-content/DE/TXT/?uri=LEGISSUM:mi0061. Zugegriffen am 24.10.2024.
4. Europäische Union. (2023). *Grünbuch.* https://eur-lex.europa.eu/DE/legal-content/glossary/green-paper.html. Zugegriffen am 24.10.2024.
5. Europäische Union. (2002). *Kommission der Europäischen Gemeinschaften. Grünbuch über alternative Verfahren zur Streitbeilegung im Zivil- und Handelsrecht. KOM (2002) 196 endgültig.* https://eur-lex.europa.eu/LexUriServ/LexUriServ.do?uri=COM:2002:0196:FIN:DE:PDF. Zugegriffen am 24.10.2024.

6. Europäische Union. (2008). *Richtlinie 2008/52/EG des Europäischen Parlaments und des Rates vom 21.05.2008 über bestimmte Aspekte der Mediation in Zivil- und Handelssachen (ABl. L 136/3 vom 24.05.2008).* https://eur-lex.europa.eu/legal-content/DE/TXT/PDF/?uri=CELEX:32008L0052&qid=1681846433380&from=DE. Zugegriffen am 24.10.2024.

7. Deutscher Bundestag. (2011). *Drucksache 17/5335 vom 01.04.2011. Gesetzentwurf der Bundesregierung. Entwurf eines Gesetzes zur Förderung der Mediation und anderer Verfahren der außergerichtlichen Konfliktbeilegung.* https://dserver.bundestag.de/btd/17/053/1705335.pdf. Zugegriffen am 24.10.2024.

8. Europäische Union. (2013). *Richtlinie 2013/11/EU des Europäischen Parlaments und des Rates vom 21. Mai 2013 über die alternative Beilegung verbraucherrechtlicher Streitigkeiten und zur Änderung der Verordnung (EG) Nr. 2006/2004 und der Richtlinie 2009/22/EG (ABl. L 165/63 vom 18.6.2013).* https://eur-lex.europa.eu/legal-content/DE/TXT/PDF/?uri=CELEX:3201 3L0011&qid=1682319197369. Zugegriffen am 24.10.2024.

9. Europäische Union. (2013). *Verordnung (EU) Nr. 524/2013 des Europäischen Parlaments und des Rates vom 21. Mai 2013 über die Online-Beilegung verbraucherrechtlicher Streitigkeiten und zur Änderung der Verordnung (EG) Nr. 2006/2004 und der Richtlinie 2009/22/EG (ABl. L 165/1 vom 18.6.2013).* https://eur-lex.europa.eu/legal-content/DE/TXT/PDF/?uri=CELEX:3201 3R0524&qid=1682319659651. Zugegriffen am 24.10.2024.

10. Deutscher Bundestag. (2015). *Drucksache 18/5295 vom 22.06.2015. Gesetzentwurf der Bundesregierung/Deutscher Bundestag Drucksache 18/5089 vom 09.06.2015. Gesetzentwurf der Fraktionen der CDU/CSU und SPD. Entwurf eines Gesetzes zur Umsetzung der Richtlinie über alternative Streitbeilegung in Verbraucherangelegenheiten und zur Durchführung der Verordnung über Online-Streitbeilegung in Verbraucherangelegenheiten.* https://dserver.bundestag.de/btd/18/050/1805089.pdf. Zugegriffen am 24.10.2024.

11. PricewaterhouseCoopers/Europa-Universität Viadrina. (Hrsg.). (2005). *Commercial Dispute Resolution. Konfliktbearbeitungsverfahren im Vergleich.*

12. KPMG Wirtschaftsprüfungsgesellschaft. (Hrsg.). (2009). *Konfliktkostenstudie. Die Kosten von Reibungsverlusten in Industrieunternehmen.*

13. PricewaterhouseCoopers/Europa-Universität Viadrina. (Hrsg.). (2007). *Praxis des Konfliktmanagements deutscher Unternehmen. Ergebnisse einer qualitativen Folgestudie zu „Commercial Dispute Resolution – Konfliktbearbeitungsverfahren im Vergleich".*

14. PricewaterhouseCoopers/Europa-Universität Viadrina. (Hrsg.). (2011). *Konfliktmanagement. Von den Elementen zum System.*

15. KPMG Wirtschaftsprüfungsgesellschaft. (Hrsg.). (2012). *Konfliktkosten-studie II. Best Practice Konflikt(kosten)-Management – Der wahre Wert der Mediation.*

16. PricewaterhouseCoopers/Europa-Universität Viadrina. (Hrsg.). (2013). *Konfliktmanagement als Instrument werteorientierter Unternehmensführung.*

17. PricewaterhouseCoopers/Europa-Universität Viadrina. (Hrsg.). (2016). *Konfliktmanagement in der deutschen Wirtschaft. Entwicklungen eines Jahrzehnts.*

18. Kloweit, J. (2014). Die Wegbereiter. Der „Round Table Mediation und Konflikt-management" der deutschen Wirtschaft. *Dispute Resolution, 1*(4), 35–38. https://www.deutscheranwaltspiegel.de/wp-content/uploads/sites/49/2020/01/DisputeResolution_04-2014.pdf. Zugegriffen am 24.10.2024.

19. Briem, J., & Kloweit, J. (2012). Der Round Table Mediation und Konflikt-management der deutschen Wirtschaft. Wegweiser für einen Paradigmen-wechsel im unternehmerischen Konfliktmanagement? *Konfliktdynamik, 1*(1), 66–73.

20. Round Table Mediation und Konfliktmanagement der deutschen Wirt-schaft (RTMKM). https://www.rtmkm.de/. Zugegriffen am 24.10.2024.

21. Institut für Konfliktmanagement der Europa-Universität Viadrina, Frank-furt (Oder). https://www.ikm.europa-uni.de/de/index.html. Zugegriffen am 24.10.2024.

3

Verantwortungsvolle Unternehmensführung und strategisches Konfliktmanagement

Zusammenfassung Jede verantwortungsvolle Unternehmensführung basiert auf einem Strategieprogramm, das konsequent auf das Erreichen der Unternehmensziele ausgerichtet ist und die gesetzlichen Sorgfaltspflichten einer ordentlichen und gewissenhaften Geschäftsführung berücksichtigt. Dazu gehört, dass die strategischen Entscheidungen in den Unternehmen einem ökonomischen Chancen-Risiko-Kalkül folgen und die Unternehmensentwicklung von einem systematischen Management der strategischen und operativen Unternehmensrisiken begleitet wird. Zu diesen Risiken gehören auch Unternehmenskonflikte, die das Erfolgskapital („Stakeholder-Kapital") der Unternehmen reduzieren und zu negativen Abweichungen von den Unternehmenszielen führen können. Vor diesem Hintergrund wird ein strategisches Konfliktmanagement, das auf die Optimierung der Erfolgspotenziale der Unternehmen abstellt, zu einem wichtigen Baustein ihrer Corporate Governance-Systeme im Kontext einer verantwortungsvollen Unternehmensführung. Die Dringlichkeit des Handlungs- und Interventionsbedarfs für das Konfliktmanagement kann in den Unternehmen mit Hilfe einer „Conflict Map" ermittelt werden.

© Der/die Autor(en), exklusiv lizenziert an Springer Fachmedien Wiesbaden GmbH, ein Teil von Springer Nature 2025
T. Knobloch, *Strategisches Konfliktmanagement*,
https://doi.org/10.1007/978-3-658-47671-7_3

3.1 Strategische Unternehmensführung und Unternehmensziele

3.1.1 Unternehmensführung als Koordinationsaufgabe

Aus institutioneller Perspektive sind Unternehmen zunächst einmal Organisationen, die sich dadurch auszeichnen, dass sie aus mehreren Personen bestehen, spezifische Ziele verfolgen und dauerhafte Grenzen aufweisen, die Innenwelt und Außenwelt/Umwelt unterscheidbar machen.

Mit Organisationen verbunden sind die Notwendigkeiten von internen Ordnungsstrukturen und zielführender Handlungssteuerung [1].

Keine Unternehmensführung ohne Unternehmensziele
Konkretisierend heißt das für marktorientierte Unternehmen, in denen viele Menschen produktiv zusammenwirken, dass sie ihre Ziele autonom am ökonomischen Prinzip des wirtschaftlichen Handelns ausrichten und die Koordination sämtlicher Entscheidungen und Handlungen im Rahmen einer verantwortungsvollen Unternehmensführung[1] geschieht [2].

Allgemein bezeichnet der Begriff der Führung eine zielgerichtete Interaktion zwischen zwei Personen oder Personengruppen zur Beeinflussung des Verhaltens der passiv Geführten durch die aktiv Führenden, sodass der Führungsprozess auch für Unternehmen mit Abbildung Abb. 3.1 veranschaulicht werden kann.

Voraussetzung jeder Führung ist die Festlegung von Zielen, die Führende und Geführte ausgehend von einem „status quo" gemeinsam erreichen wollen und/oder sollen.

Übertragen auf die Führung von Unternehmen[2] bedeutet dies die konsequente Ausrichtung der Unternehmenspolitik an den Unternehmenszielen.

---

[1] Dem Begriff der „Unternehmensführung" kommen an dieser Stelle mehrere Bedeutungsinhalte zu. Funktional beschreibt er die Aufgaben und Tätigkeitsbereiche der Unternehmensführung. Institutionell bezeichnet der Begriff die Entscheidungsträger und Organe der Unternehmensführung und prozessual ihr Beeinflussungshandeln im Zeitablauf [2].

[2] Damit unterscheidet sich die Unternehmensführung von der Mitarbeiterführung (Personalführung), die regelmäßig das direkte Verhältnis zwischen Führungskräften und zugeordneten Mitarbeitern betrifft und Teil der Unternehmensführung ist [2].

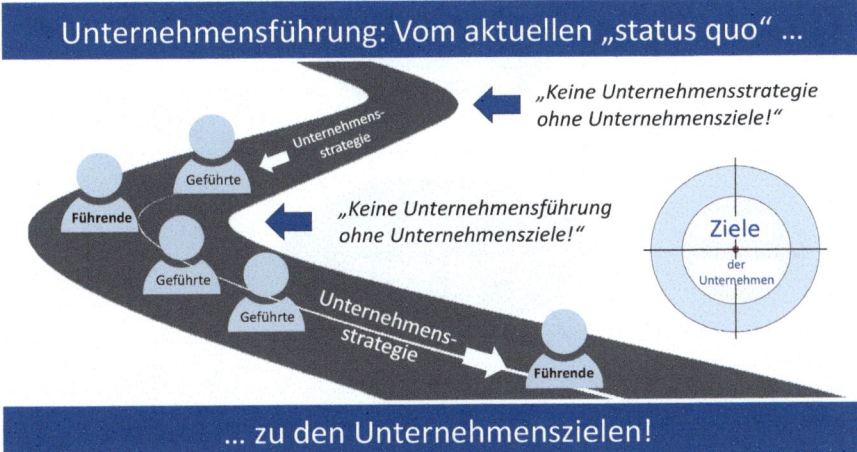

Abb. 3.1 Unternehmensführung und Unternehmensziele

Akteure der Unternehmensführung sind die verantwortliche Unternehmensleitung[3] sowie hierarchisch nachgeordnete Führungskräfte.

An dieser Stelle ist bereits erkennbar, dass eine erfolgreiche Unternehmensführung mit einem erfolgreichen Interessensmanagement verbunden ist, das sowohl die Unternehmensinteressen als auch die persönlichen Interessen der im Unternehmen Führenden und Geführten berücksichtigt.

Nach der Koalitionstheorie[4] ist für dieses Thema anzumerken, dass Unternehmen keine eigenen Ziele haben. Die Unternehmensziele resultieren vielmehr aus den Zielen und Interessen der Eigentümer (Shareholder)

---

[3] Der Begriff der „Unternehmensleitung" soll am Beispiel einer Aktiengesellschaft kurz erläutert werden: Das Organ, dass aktienrechtlich zur Leitung (§ 76 AktG) der Gesellschaft verpflichtet und darüber hinaus zur Geschäftsführung (§ 77 AktG) berechtigt wird, ist der Vorstand der Gesellschaft. Kommentierend wird dazu ausgeführt, dass die Geschäftsführung jegliches Tätigwerden für eine Aktiengesellschaft umfasst (z. B. den Abschluss von Verträgen oder Entscheidungen in Organisationsangelegenheiten), dass es bei der Leitung der Gesellschaft aber explizit um die Führungsfunktion des Vorstands, d. h. einen besonderen Teilbereich der Geschäftsführung geht, der stets unter eigener Verantwortung ausgeübt wird [3].

[4] Die Koalitionstheorie basiert auf der Interpretation von Unternehmen als soziale Systeme und Koalitionen aller partizipierenden Interessen-/Anspruchsgruppen. Nach dem koalitionstheoretischen Unternehmensverständnis besitzen nur einzelnen Individuen, die mit dem Unternehmen in Beziehung stehen, persönliche Ziele, die sie als Koalitionsmitglieder besser zu erreichen suchen [4].

Abb. 3.2   Zielbildungsrelevante Interessengruppen (Stakeholder)

sowie sonstiger Anspruchsgruppen (Stakeholder), die erst durch eine verbindliche Vorgabe für die Unternehmensleitung zu den Zielen der Unternehmen werden.

Einen Überblick über zielbildungsrelevante Interessens- und Anspruchsgruppen der Unternehmen vermittelt Abb. 3.2.

Das Spektrum der Legitimierung einzelner Interessengruppen zur Zielbildung reicht dabei von der Zielbildung ausschließlich durch die Eigentümer der Unternehmen aufgrund ihrer Eigentumsrechte (Shareholder-Ansatz) bis zur gleichberechtigten Beteiligung aller Anspruchsgruppen aus einer gesamtgesellschaftlichen Perspektive (Stakeholder-Ansatz) [5], wobei sich das Stakeholder-Konzept im Gefolge der Diskussion um eine gesellschaftliche Unternehmensverantwortung (Corporate Social Responsibility) mehr und mehr durchsetzt.

Begleitet wird diese Entwicklung von gesellschaftsrechtlichen Überlegungen und Vorgaben, die beispielsweise für die Leitung von Aktiengesellschaften die sachgerechte Wahrnehmung unterschiedlicher Stakeholder-Interessen durch den Vorstand der Gesellschaft verlangen und das Unternehmen nicht selbst zum Träger eigener Interessen machen [3].

Eine sichtbare Bestätigung der Koalitionstheorie sowie des Stakeholder-Ansatzes in der betrieblichen Praxis sind die unterschiedlichen ökonomischen, ökologischen und sozialen Inhalte der Unternehmensziele [6], die im Rahmen der Finanzberichterstattung publiziert und aktuell in vielen Unternehmen beispielsweise um Nachhaltigkeitsziele ergänzt werden.

Hierarchieebenen der Unternehmensführung
Für die Führung von Unternehmen ist es wichtig, drei Führungsebenen auseinanderzuhalten, die sich (unscharf) durch die Art und Reichweite ihrer Entscheidungen abgrenzen und wie folgt beschreiben lassen [5]:

- Normative Ebene der Unternehmensführung: Entscheidungen über die sinnstiftende und handlungsleitende Vision für ein Unternehmen
- Strategische Ebene der Unternehmensführung: Entscheidungen über die aus der Vision abzuleitenden Unternehmensziele und Strategien
- Operative Ebene der Unternehmensführung: Entscheidungen über die Art und Weise der Umsetzung der Strategien im Rahmen der operativen Geschäftsprozesse eines Unternehmens.

Verknüpft mit diesen Hierarchieebenen ist eine entsprechende hierarchische Struktur im Zielesystem der Unternehmen, die vereinfacht[5] mit Abb. 3.3 veranschaulicht wird.

Die Leitidee für die Unternehmensführung bildet eine sinnstiftende Vision, die mehr oder weniger ausformuliert als Zukunftsbild für ein Unternehmen an der Spitze der Zielhierarchie steht. Die Vision für ein Unternehmen wirkt handlungsleitend und gibt dem Management[6] die Richtung für die angestrebte Entwicklung des Unternehmens vor.

Für eine verantwortungsvolle Unternehmensführung ist es erforderlich, die realitätsferne Vision auf der nächsten Ebene durch ein abgestimmtes System strategischer Unternehmensziele zu präzisieren. Diese Ziele gelten unternehmensweit und zeichnen sich im Allgemeinen durch einen langfristigen Planungshorizont aus.

---

[5] Die Vereinfachung besteht darin, dass lediglich drei Hierarchieebenen unterschieden werden und die Verortung der „Mission" eines Unternehmens unberücksichtigt bleibt [7].
[6] Die Begriffe „Management" und „Unternehmensführung" sowie auch „Unternehmensleitung" werden in der betriebswirtschaftlichen Fachliteratur unterschiedlich abgegrenzt und verwendet. Neben einer synonymen Verwendung findet sich für das Management oftmals eine Fokussierung auf ausführende oder delegierte Tätigkeiten, die zugleich auch Planung- und Kontrolltätigkeiten beinhalten [2].

Abb. 3.3 Hierarchische Struktur der Unternehmensziele

Da die Unternehmensführung auch im Tagesgeschäft nicht ohne Ziele auskommt, sind auf der operativen Entscheidungs-/Führungsebene aus den strategischen Zielvorgaben operative Unternehmensziele abzuleiten. Diese operativen Ziele beziehen sich in der Regel nicht auf das Gesamtunternehmen, sondern gelten bei einem kurz- bis mittelfristigen Zeithorizont lediglich für die explizit adressierten Handlungsfelder der Unternehmenspolitik (z. B. einzelne Geschäftsbereiche, Funktionsbereiche oder Organisationseinheiten) [5].

Die Mehrdimensionalität der Zielsysteme der Unternehmen resultiert aus den unterschiedlichen Stakeholder-Interessen und kann mit Abb. 3.4 veranschaulicht werden.

Damit steht jede Unternehmensleitung vor der Herausforderung, interessenplurale Zielsetzungen für ihr Unternehmen möglichst stimmig[7]

---

[7] Auf sämtlichen Hierarchiestufen hat die Unternehmensführung die Beziehungen zwischen einzelnen Unternehmenszielen zu beachten, von denen es abhängt, ob und inwieweit diese Ziele gleichzeitig zu erreichen sind. Unterschieden werden insbesondere drei Zielbeziehungen, die es zu identifizieren und zu untersuchen gilt [2]: komplementäre Zielbeziehungen, bei denen sich die einzelnen Unternehmensziele gegenseitig ergänzen (z. B. Kostensenkung und Ausschussvermeidung in der Produktion), indifferente Zielbeziehungen, die sich dadurch auszeichnen, dass die Zielerreichung völlig unabhängig voneinander ist (z. B. Ressourcenschonung und Erhöhung der Frauenquote in Führungspositionen) und konkurrierende Zielbeziehungen, bei denen die einzelnen Unternehmensziele nicht gleichzeitig vollumfänglich zu erreichen sind (z. B. gerechte Lohnentwicklung und Gewinnmaximierung).

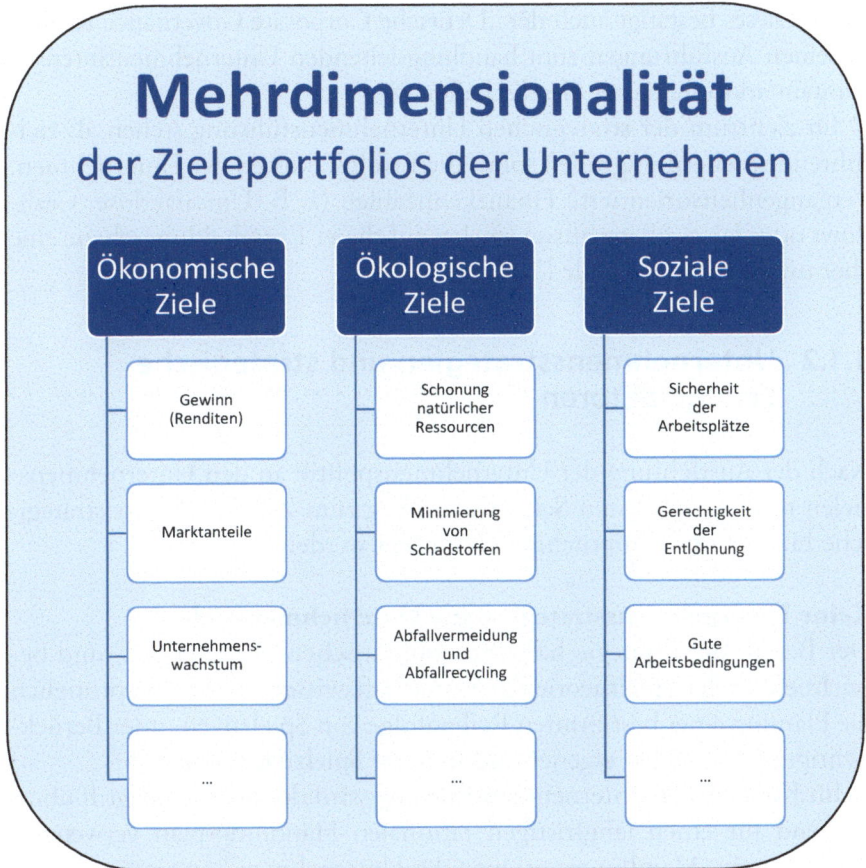

Abb. 3.4 Mehrdimensionalität der Zielsysteme

in einem konsensfähigen und damit handlungsleitenden Zielsystem zu-sammenzufassen [2]. Erst dann kann dieses Zielsystem eine stabile Aus-richtung der Unternehmenspolitik an den Unternehmenszielen gewähr-leisten und weitgehend verlässlich zur Orientierung von Führungskräften und Mitarbeitern dienen.

Dabei zeigen empirische Studien zur Zielforschung [2], dass nicht die kurzfristige Maximierung der Gewinne, sondern vielmehr die Existenz-sicherung der Unternehmen sowie die Absicherung der Unternehmens-entwicklung dominierende Zielsetzungen für die Unternehmensleitungen sind.[8] Dieses bestätigt auch der „Deutsche Corporate Governance Kodex" in seinen Ausführungen zum handlungsleitenden Unternehmensinteresse kapitalmarktorientierter Gesellschaften [8].

Im Zentrum der strategischen Unternehmensführung stehen als zielführende Steuerungsgrößen somit die Erfolgsfaktoren der Unternehmen. Vergangenheitsorientierte Finanzkennzahlen (z. B. Umsatzerlöse, Cashflows oder Jahresüberschüsse) spielen auf dieser Entscheidungsebene eine eher untergeordnete Rolle [2].

3.1.2 Unternehmensstrategien und strategische Erfolgsfaktoren

Nach der Ausrichtung der Unternehmenspolitik an den Unternehmenszielen muss im nächsten Schritt der „Weg zum Ziel", d. h. das strategische Handeln im Unternehmen festgelegt werden.

Keine Unternehmensstrategie ohne Unternehmensziele
Der Begriff der Strategie hat einen militärischen Hintergrund[9] und bezeichnete in der Spieltheorie der Wirtschaftswissenschaften ursprünglich die Planung einer bestimmten Reihenfolge von Spielzügen unter Berücksichtigung möglicher eigener und fremder Spielzugoptionen [5].

Im Kontext der Unternehmensführung wird der Strategiebegriff überwiegend für einen langfristigen rationalen Handlungsplan verwendet, der alternative Handlungsoptionen der Unternehmen konzeptionell miteinander verknüpft, um die strategischen Unternehmensziele im Planungszeitraum bestmöglich zu erreichen.[10]

---

[8] Für bestimmte Unternehmen lässt sich ein entsprechender Arbeitsauftrag auch gesellschaftsrechtlich herleiten, wie aktienrechtliche Vorschriften und Kommentierungen zeigen: Die Pflicht des Vorstands ist es, im Rahmen seiner Leitungsfunktion für den Fortbestand der Gesellschaft und dauerhafte Rentabilität zu sorgen [3].

[9] Der Strategiebegriff hat einen griechischen Ursprung und bezeichnete im Altertum zunächst die Kunst der Heeresführung (Feldherrenkunst). Militärgeschichtlich sind die Ausführungen von Carl von Clausewitz (1780 – 1831) begriffsbildend, der in seinem „Buch vom Kriege" die Strategie als „Gebrauch des Gefechts zum Zwecke des Krieges" bezeichnet und eine grundlegende Verbindung zur Wirtschaft herstellte [9].

[10] Heute ist in der Literatur zuweilen ein etwas umfassenderes Strategieverständnis zu finden, das Strategien als konsistente Handlungsmuster interpretiert, die sich in Unternehmen auch im Nachhinein aus faktischen Entscheidungen oder Aktivitäten von Führungskräften und Mitarbeitern ergeben können [2].

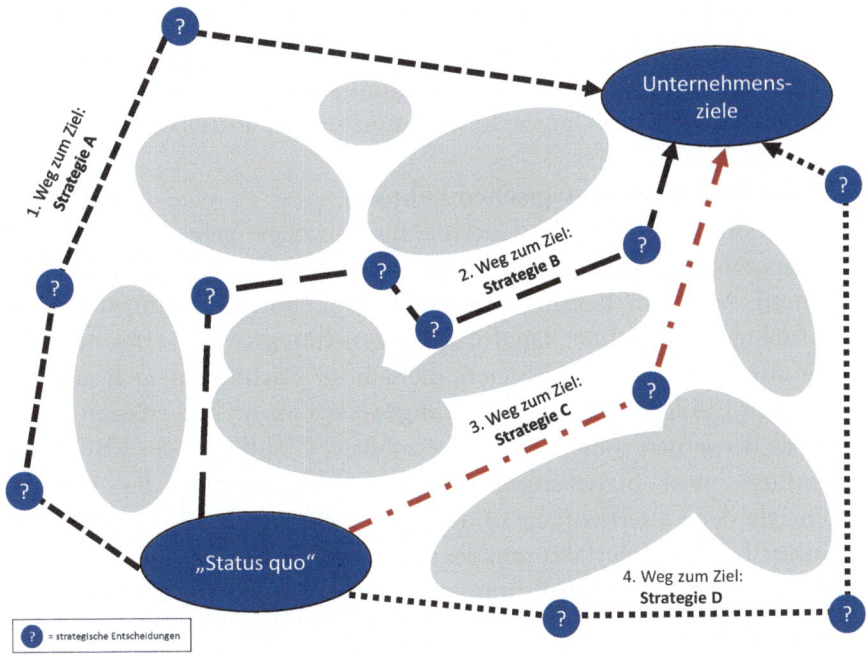

Abb. 3.5 Strategien als Wege zum Ziel

Für den Strategieprozess der Unternehmen sind vier elementare Phasen zu unterscheiden:[11] Nach der Strategiebildung, die zur Entwicklung mehrerer alternativer Strategien führen kann, sind die erarbeiteten Strategien zu evaluieren. Auf der Grundlage der Strategiebewertung erfolgt die Auswahl und Implementierung derjenigen Strategie, die für die strategische Ausrichtung des Unternehmens zukünftig maßgeblich sein soll (Strategie C Abb. 3.5). Eine Strategierevision gewährleistet die Kontrolle und gegebenenfalls auch die Anpassung der Unternehmensstrategie an veränderte Rahmenbedingungen und Zielvorgaben für die Unternehmensleitung. In diesen Fällen kommt die Langfristigkeit einer Unternehmensstrategie regelmäßig an ihre Grenzen [7].

---

[11] Für eine weitergehende Beschäftigung mit den Strategieprozessen in Unternehmen wird auf die in den Fachbibliotheken vorliegenden Publikationen zur Strategieprozessforschung verwiesen.

Strategische Unternehmensentscheidungen, d. h. Entscheidungen zur Formulierung, Auswahl und Implementierung einer Strategie werden auf höchster Managementebene getroffen und sollen die normative (visionäre) Ausrichtung der Unternehmen langfristig vorantreiben [5].[12]

Erfolgsfaktoren im strategischen Fokus

Bei der Formulierung einer Unternehmensstrategie geht es darum, das Erfolgspotenzial eines Unternehmens ökonomisch auszuschöpfen und abzusichern. Mit dem Begriff „Erfolgspotenzial" wird die Fähigkeit eines Unternehmens bezeichnet, langfristig Unternehmensziele zu erreichen und ökonomische Erfolge zu realisieren, die sich im Nachhinein auch mit den klassischen Erfolgsgrößen des Rechnungswesens wertmäßig erfassen lassen (z. B. als Betriebsergebnisse, Jahresüberschüsse, Cashflows oder EBIT) [2].

Einfluss- und Steuerungsgrößen zur Maximierung der Erfolgspotenziale der Unternehmen sind die unternehmensseitig nur begrenzt beeinflussbaren Erfolgsfaktoren, die damit im besonderen Fokus der strategischen Unternehmensführung stehen und das nicht bilanzierungsfähige Erfolgskapital[13] der Unternehmen bilden [10].

Mit explizitem Bezug auf die Steuerung der Erfolgspotenziale der Unternehmen im Rahmen des Unternehmenscontrollings finden sich für die strategischen Erfolgsfaktoren in der Literatur die in Tab. 3.1 aufgeführten Beispiele und Kategorien:[14]

In Abhängigkeit von der Beeinflussbarkeit durch die Unternehmen wird danach differenziert, ob die genannten Faktoren grundsätzlich gestaltbar sind (interne Erfolgsfaktoren) oder durch das wirtschaftliche Umfeld vorgegeben werden (externe Erfolgsfaktoren) [10], sodass das System der Erfolgsfaktoren mit seiner Bedeutung für die Zukunftserfolge der Unternehmen zusammenfassend mit Abb. 3.6 veranschaulicht werden kann.

---

[12] Wie in Kap. 7 vertiefend ausgeführt wird, gilt dieser Strategieprozess auch für das strategische Konfliktmanagement der Unternehmen.

[13] Das Erfolgskapital der Unternehmen setzt sich aus dem bilanzierungsfähigen Kapital (Vermögen und Schulden) sowie dem nicht bilanzierungsfähigen Kapital zusammen. Letzteres ist immaterieller Art und erfasst die strategischen und unternehmenswertbildenden Erfolgsfaktoren der Unternehmen.

[14] Diese Systematisierung entspricht mit ihren Beispielen der Kategorisierung des „Intellectual Capital" in Müller/Müller [10].

Tab. 3.1 Beispiele und Kategorien für die strategischen Erfolgsfaktoren der Unternehmen. (Quelle: Eigene Darstellung in Anlehnung an Müller/Müller [10])

Beispiele für strategische Erfolgsfaktoren:	Strategische Kategorie:
Kundenstruktur, Marktwachstum, ...	Kundenkapital
Mitarbeiterqualifikation, Arbeitsmarktperformance, ...	Mitarbeiterkapital
Logistikstrukturen, Substitutionsmöglichkeiten für Lieferanten, ...	Lieferantenkapital
Kapital-/Zinsstruktur, Ratingperformance, ...	Investorenkapital
Forschungsressourcen, Technologiewandel, ...	Innovationskapital
Führungsprozesse, Organisationsstrukturen, ...	Prozess-/Organisationskapital
Standorte (national/international), Steuerrecht, ...	Standortkapital

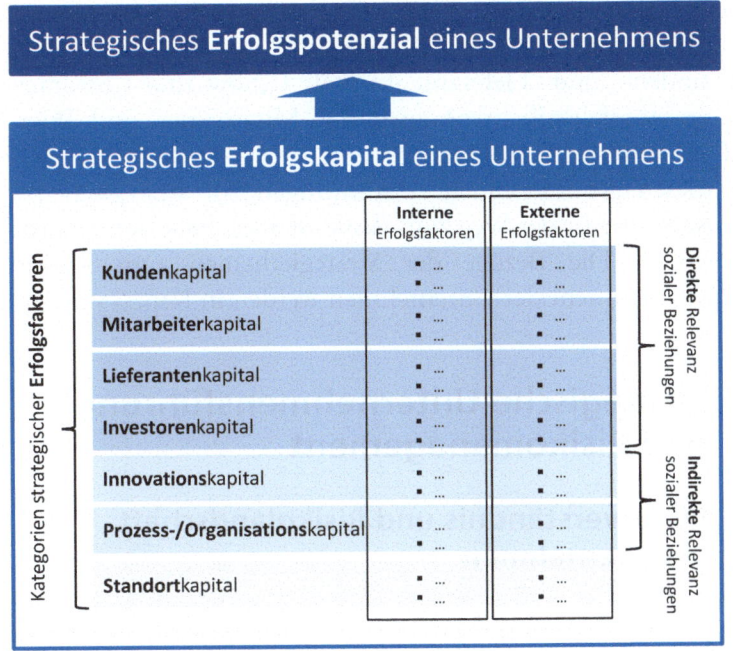

Abb. 3.6 Strategische Erfolgsfaktoren der Unternehmen

Deutlich erkennbar wird in Abb. 3.6 die Relevanz der sozialen Stakeholder-Beziehungen für das Management der Erfolgsfaktoren sowie die daraus ableitbaren Implikationen für ein strategisches Interessensmanagement (Konfliktmanagement) der Unternehmen.

Aktuelle Herausforderungen für die Unternehmen beziehen sich beispielsweise auf interne Erfolgsfaktoren ihres

- Kunden- und Lieferantenkapitals (Thema: Nachhaltigkeit),
- Mitarbeiterkapitals (Thema: New Work) oder
- Organisationskapitals (Thema: Compliance).

Dabei ist anzumerken, dass die exemplarisch genannten Strategiethemen nicht ausschließlich einem Kapitalsegment zugeordnet werden können. Das komplexe Thema „Compliance" betrifft zum Beispiel neben dem Kunden- und Lieferantenkapital (Know-Your-Customer bzw. Lieferkettensorgfaltspflichten) auch das Mitarbeiter- und Investorenkapital der Unternehmen.

Mit diesen grundlegenden Ausführungen zur strategischen Unternehmensführung ist der Weg zum Risikomanagement der Unternehmen vorgezeichnet. Die Bezüge der Strategiethemen zum Risiko- und Konfliktmanagement der Unternehmen werden in Kap. 6 vertieft.

3.2 Strategische Unternehmensführung und Risikomanagement

3.2.1 Risikoverständnis und Risikolandschaft in Unternehmen

In der betriebswirtschaftlichen Literatur zum Risikomanagement wird der Risikobegriff ganz unterschiedlich verwendet. Das Begriffsspektrum reicht von mathematisch-statistischen Größen (z. B. als Eintrittswahrscheinlichkeit oder Streuungsparameter) bis zu situativen Beschreibungen (z. B. als Gefahr von Vermögensverlusten). Gemeinsam ist allen Definitionen, dass mit Unternehmensrisiken stets Abweichungen von den geplanten Unternehmenszielen verbunden werden [11].

Ausgangspunkt der nachstehenden Überlegungen ist das in der Unternehmenspraxis etablierte Begriffsverständnis des Instituts der Wirtschaftsprüfer[15] [12] sowie des Deutschen Rechnungslegungs Standards Commite[16] [13], das für Unternehmensrisiken und Unternehmenschancen zu folgenden Definitionen führt:

> **Risiken und Chancen**
>
> Risiken sind mögliche künftige Entwicklungen oder Ereignisse, die zu einer für das Unternehmen negativen Prognose- bzw. Zielabweichung führen können. Chancen sind mögliche künftige Entwicklungen oder Ereignisse, die zu einer für das Unternehmen positiven Prognose- bzw. Zielabweichung führen können.

Diese Definitionen beschreiben die Chancen und Risiken der Unternehmen als zwei Seiten einer unternehmerischen Medaille und verknüpfen das Begriffspaar direkt mit strategischen und operativen Unternehmenszielen.

Vor dem Hintergrund dieser Zusammenhänge kann die allgemeine Risikolandschaft der Unternehmen mit Abb. 3.7 veranschaulicht werden.

Diese Risikolandschaft bildet mit ihren situativen Herausforderungen den Orientierungs- und Handlungsrahmen für ein zielführendes strategisches Management der Unternehmensrisiken.

3.2.2 Risikomanagement und Corporate Governance

Als flexible Handlungspläne der Unternehmen reagieren erfolgreiche Strategien auf Ereignisse oder Entwicklungen, die das Erreichen der Unternehmensziele entscheidend gefährden.

---

[15] Das Institut der Wirtschaftsprüfer (IDW) legt in seinem Prüfungsstandard 981 „Grundsätze ordnungsmäßiger Prüfung von Risikomanagementsystemen" (IDW PS 981) für das Risikomanagement der Unternehmen eine grundlegende Begriffssystematik fest.

[16] Das Deutsche Rechnungslegungs Standards Committe (DRSC) regelt im Deutschen Rechnungslegungs Standard Nr. 20 (DRS 20) die Berichterstattung für den Lagebericht der Konzerne, wobei die Übernahme des im Bundesanzeiger bekanntgemachten Standards auch für die handelsrechtlichen Einzelabschlüsse empfohlen wird. Gegenstand der Lageberichterstattung der Kapitalgesellschaften ist gemäß § 289 HGB stets auch die Risikoberichterstattung der Unternehmen.

Abb. 3.7 Risikolandschaft und Unternehmensziele

Ein organisierter Umgang mit Chancen und Risiken ist damit notwendiger Bestandteil jeder strategischen und operativen Unternehmensführung, wobei das Risikomanagement der Unternehmen sowie die damit verbundenen Risikomanagementsysteme in Anlehnung an IDW PS 981 begrifflich wie folgt gefasst werden:

Risikomanagement und Risikomanagementsystem

Der Begriff „Risikomanagement" bezeichnet einen strukturierten Umgang mit Chancen und Risiken im Unternehmen, um die Unternehmensziele bestmöglich zu erreichen.

Der Begriff „Risikomanagementsystem" bezeichnet die Gesamtheit aller internen Regelungen, die einen strukturierten Umgang mit Chancen und Risiken im Unternehmen gewährleisten sollen.

Die Verpflichtung der Unternehmensleitung zu einem verantwortungsvollen Risikomanagement kann sowohl betriebswirtschaftlich als auch gesellschaftsrechtlich abgeleitet werden.

3.2.2.1 Ökonomisches Prinzip als Chancen- und Risikokalkül

Die betriebswirtschaftliche Argumentation beginnt hier mit der Frage, was Unternehmer und Unternehmen im Kern ausmacht. Eine insbesondere für das Risikomanagement der Unternehmen bedeutsame Antwort auf diese Frage lautet:

> „Nunmehr war der Weg zu der Erkenntnis frei, dass das herausragende Merkmal des Unternehmers (…) in der Übernahme der Verantwortung zu suchen ist, und dass es demzufolge im Wesentlichen nichts anderes als die Bereitwilligkeit zur Wagnis- oder Risikoübernahme ist – d.h. zur Übernahme der Gefahr des Verlusts mit der kompensierenden Chance des Gewinns – die ein Wirtschaftssubjekt zum Unternehmer werden lässt." [14]

Diese grundlegende Sichtweise führt nach dem ökonomischen Optimum-Prinzips[17] zu folgendem Arbeitsauftrag für die Unternehmensführung: Sorge im Unternehmen für ein möglichst günstiges Verhältnis von Chancen und Risiken, ohne die Unternehmensexistenz zu gefährden.

Betriebswirtschaftliche Führungsentscheidungen im Unternehmen basieren infolgedessen auf einem Chancen-Risiko-Kalkül, das als spezielle Ausprägung des Wirtschaftlichkeitsprinzips mit Abb. 3.8 veranschaulicht werden kann.

Ein bewusster und weitsichtiger Umgang mit Chancen und Risiken (Risikomanagement) ist damit Voraussetzung und ökonomischer Maßstab jeder verantwortungsvollen Unternehmensführung.

3.2.2.2 Gesellschaftsrechtliche Sorgfaltspflichten

Im Rahmen der Corporate Governance-Diskussion findet seit vielen Jahren in Hochschulen und Unternehmen ein intensiver Gedankenaustausch darüber statt, was eine verantwortungsvolle Unternehmensführung

---

[17] Das „Ökonomische Prinzip" (auch: Wirtschaftlichkeitsprinzip) betrifft als Effizienzpostulat der Betriebswirtschaftslehre das Verhältnis von Faktoreinsatzmengen (Input) und Produktionsmengen (Output) und findet sich in der Literatur als Maximum-, Minimum- oder Optimum-Prinzip [6].

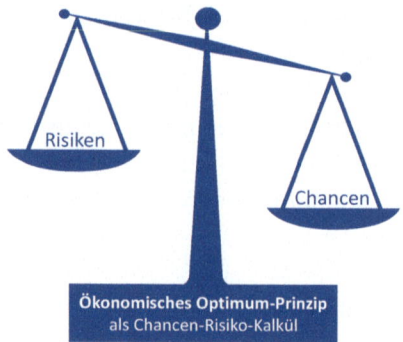

Abb. 3.8 Ökonomisches Optimum-Prinzip als Chancen-Risiko-Kalkül

auszeichnet.[18] Der Begriff „Coporate Governance" bezeichnet dabei den rechtlichen und faktischen Ordnungsrahmen für die Leitung und Überwachung von Unternehmen.

Grundlegend beschrieben wird der Ordnungsrahmen für Kapitalgesellschaften im Deutschen Corporate Governance Kodex (DCGK). Dieser selbstverpflichtende Kodex der deutschen Wirtschaft enthält rechtliche Vorgaben (Grundsätze) sowie darüber hinausgehende Empfehlungen und Anregungen zur Leitung und Überwachung von kapitalmarktorientierten Unternehmen, die national und international als Standards guter und verantwortungsvoller Unternehmensführung anerkannt sind [8].

Anknüpfungspunkte dieser Standards sind in Deutschland die gesellschaftsrechtlichen Sorgfaltspflichten für Aktiengesellschaften (§ 93 Absatz 1 AktG) sowie für Gesellschaften mit beschränkter Haftung (§ 43 Absatz 1 GmbHG). Diese Rechtsvorschriften verlangen für die Unternehmensführung der Gesellschaften abstrakt die Sorgfalt eines ordentlichen und gewissenhaften Geschäftsleiters bzw. Geschäftsmanns. Fehlt

---

[18]Hintergrund dieser Diskussion waren zahlreiche Skandale, Affären und Unternehmensschieflagen (z. B. bei Enron, Wirecard, Siemens, Volkswagen und Arcandor), die bei institutionellen und privaten Kapitalanlegern zu erheblichen Vertrauensverlusten führten. Ergebnis dieser Diskussion waren regulatorischer Veränderungen zur Unternehmensführung, die sich in Deutschland insbesondere auf Aktiengesellschaften beziehen und auf andere Rechtsformen ausstrahlen [15].

es an dieser Sorgfalt, kann daraus eine gesamtschuldnerische Haftung für die den Unternehmen entstandenen Schäden resultieren.[19]

Zu den gesellschaftsrechtlichen Sorgfaltspflichten gehört das Bemühen um eine frühzeitige Identifikation existenzgefährdender Entwicklungen (Risiken) sowie ein angemessenes Risikomanagement der verantwortlichen Unternehmensleitung. Für das Risikomanagement der Gesellschaften ist dabei sowohl eine Implementierungspflicht als auch eine Anpassungspflicht an neue Erkenntnisse und Entwicklungen zu beachten [16]. Gerade dem letzten Aspekt kommt im Folgenden bezüglich des Konfliktmanagements der Unternehmen eine zentrale Bedeutung zu.

Bei börsennotierten Aktiengesellschaften finden sich diese Verpflichtungen konkretisierend zunächst in § 91 Absatz 2 AktG, der die Einrichtung eines Überwachungssystems zur frühen Erkennung gesellschaftsgefährdender Entwicklungen fordert. Darüber hinaus verlangt § 91 Absatz 3 AktG die Einrichtung eines wirksamen Risikomanagementsystems, das dem Umfang der Geschäftstätigkeit sowie der Risikolage des Unternehmens verantwortbar entspricht.

Für andere haftungsbegrenzte Unternehmen – z. B. eine mittelständische GmbH – kann die Verpflichtung zum Risikomanagement aus dem Gesetz über den Stabilisierungs- und Restrukturierungsrahmen für Unternehmen abgeleitet werden, in dem zur Vermeidung von Unternehmenskrisen ausdrücklich verlangt wird (§ 1 StaRUG):

„Die Mitglieder des zur Geschäftsführung berufenen Organs einer juristischen Person (Geschäftsleiter) wachen fortlaufend über Entwicklungen, welche den Fortbestand der juristischen Person gefährden können. Erkennen sie solche Entwicklungen, ergreifen sie geeignete Gegenmaßnahmen und erstatten den zur Überwachung der Geschäftsleitung berufenen Organen (Überwachungsorganen) unverzüglich Bericht."

---

[19] Für Aktiengesellschaften ist in diesem Zusammenhang darauf hinzuweisen, dass die Beweislast in Streitfällen beim Vorstand liegt (§ 93 Absatz 2 AktG) und unternehmerische Entscheidungen, die auf der Grundlage angemessener Information zum Wohle der Gesellschaft getroffen wurden, keine Verletzungen der Sorgfaltspflichten darstellen (§ 93 Absatz 1 AktG, sogenannte „Business Judgement Rule").

Noch deutlicher wird die Verknüpfung von strategischer Unternehmensführung und Risikomanagement im IDW-Prüfungsstandard 981 für Risikomanagementsysteme[20], der ausführt [12]:

> „Die unternehmenspolitischen Zielsetzungen und insb. die Unternehmensstrategie bilden die Ausgangsbasis für die Ableitung einer Risikostrategie und für ein systematisches Risikomanagement des Unternehmens.
> In der Risikostrategie wird festgelegt, in welchem Ausmaß unter Berücksichtigung der Risikotragfähigkeit des Unternehmens Risiken eingegangen werden sollen (…), ergänzt durch unternehmerische Vorgaben zum erwünschten Umgang mit Risiken in Form einer Risikopolitik.
> Die Ziele des RMS[21] sind darauf ausgerichtet sicherzustellen, dass die Unternehmensziele entsprechend der Risikostrategie erreicht werden."

Das bedeutet für jede verantwortungsvolle Unternehmensführung, dass bei strategischen Unternehmensentscheidungen in besonderem Maße Chancen und Risiken zu berücksichtigen und im Rahmen eines strategischen Risikomanagements auch zielführend zu handhaben sind [17].

Eine Unternehmensführung ohne ein angemessenes Risikomanagement führt infolgedessen für Kapitalgesellschaften zu Sorgfaltspflichtverletzungen und persönlichen Haftungsfragen.

3.2.3 Strategischer Handlungsbedarf für das Risikomanagement

Um den Handlungsbedarf für das Risikomanagement in den Unternehmen zu ermitteln, sind die Unternehmensrisiken nach ihrer Identifikation und Erfassung zu priorisieren.

Als Beurteilungskriterien haben sich in der Unternehmenspraxis die möglichen Schadenshöhen, d. h. die negativen Auswirkungen der Ereignisse und Entwicklungen auf die Unternehmensziele, sowie die

---

[20] Um der Corporate Governance-Verpflichtung zu einem angemessenen Risikomanagement belastbar nachzukommen, orientieren sich viele Unternehmen an nationalen und/oder internationalen Risikomanagement-Standards, für die zwischen Einrichtungsstandards und Prüfungsstandards unterschieden werden kann. Ein Überblick über die bekanntesten Risikomanagement-Standards findet sich bei Gleißner [17].

[21] Die in der Literatur zum Risikomanagement übliche Abkürzung „RMS" steht für „Risikomanagement-System".

Eintrittswahrscheinlichkeiten der einzelnen Unternehmensrisiken etabliert. Diese Kriterien führen zur Risikomatrix (Risk-Map) als Standardinstrument des Risikomanagements [17], die die Risikolandschaft der Unternehmen als Risiko-Portfolio visualisiert.

Den Aufbau sowie die Funktionsweise einer zweidimensionalen Bewertung der Risiko-Portfolios der Unternehmen in einer Risk-Map veranschaulicht Abb. 3.9.

Der Handlungsbedarf der Unternehmen ergibt sich aus der Positionierung der einzelnen Unternehmensrisiken in der Risk-Map sowie der Unterscheidung von drei Risikobereichen (ABC-Analyse der Risiken)

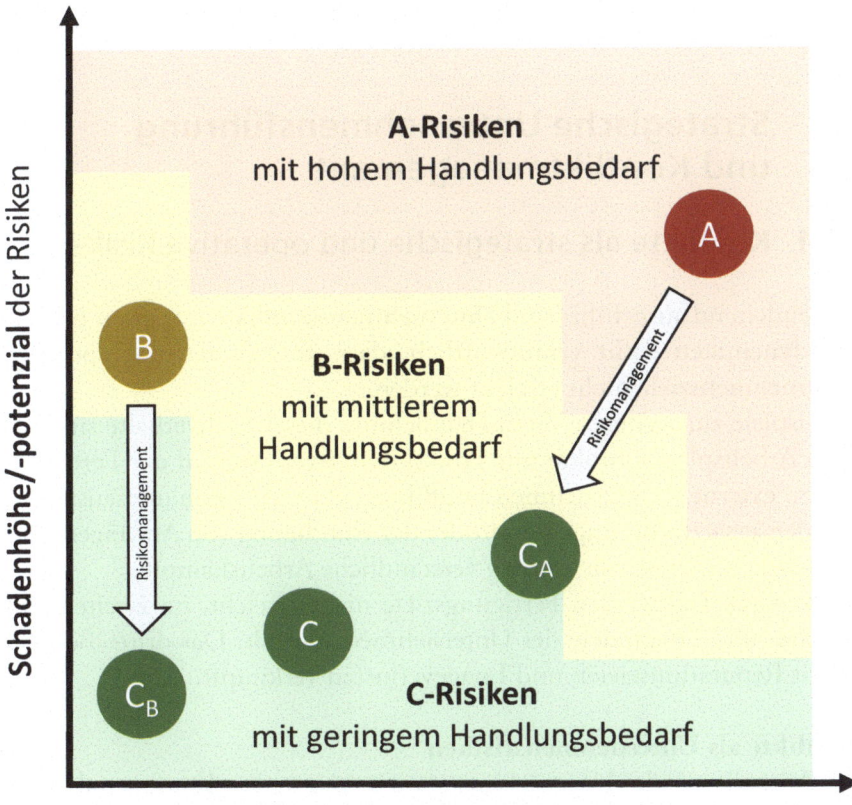

Abb. 3.9 Konzeption einer Risk-Map

mit abgestufter Dringlichkeit für das Risikomanagement und unterschiedlicher Verantwortbarkeit von der Unternehmensleitung.

Ziel der intervenierenden Risikosteuerung ist es, die Risikosituation der Unternehmen so zu verändern, dass nicht tolerable Unternehmensrisiken reduziert oder ausgeschlossen sind und die Sorgfaltspflichten einer verantwortungsvollen Corporate Governance beachtet werden. Erreicht wird dieses Ziel in der Praxis durch etablierte Normstrategien des Risikomanagements, die sich über die genannten Bewertungskriterien aus der Risikomatrix ableiten lassen [17].

Im Folgenden wird gezeigt, dass die Ausführungen zum Risikomanagement der Unternehmen ohne Einschränkungen auf ein verantwortbares Konfliktmanagement zu übertragen sind und entsprechende strategische Überlegungen in den Unternehmen erforderlich machen.

3.3 Strategische Unternehmensführung und Konfliktmanagement

3.3.1 Konflikte als strategische und operative Risiken

Wie einleitend ausgeführt sind Unternehmenskonflikte mit ihren Eskalationsdynamiken dafür verantwortlich, dass strategische und operative Unternehmensziele nicht erreicht werden.

Beispiele zur weiteren Veranschaulichung dieser Sachverhalte sind interne Arbeitsplatzkonflikte mit Produktivitätsverlusten in der Fertigung sowie externe Unternehmenskonflikte, die zu Zahlungsausfällen, Schadensersatzforderungen und/oder der Kündigung von Aufträgen führen, sowie gesellschaftlich wenig verständliche Arbeitskämpfe.

Im ersten Fall werden Fertigungsziele nicht erreicht, im zweiten Fall Umsatz- und Finanzziele der Unternehmen verfehlt. Das dritte Beispiel ist mit Reputationszielen und Imageverlusten verknüpft.

Konflikte als Unternehmensrisiken
Die Beispiele aus der Unternehmenspraxis zeigen, dass Konflikte als soziale Ereignisse oder Entwicklungen zu den Unternehmensrisiken gehören, die es im Rahmen des Risikomanagements in den Blick zu nehmen und auf ein verantwortbares Maß zu reduzieren gilt.

Auch wenn es viele Unternehmensrisiken ohne eine spezifische Konfliktkomponente gibt (z. B. Zins- und Marktpreisrisiken sowie technologiebedingte Qualitäts- und Fertigungsrisiken), beeinflussen interne und externe Unternehmenskonflikte in bestimmten Risikokategorien (z. B. Personal-, Rechts- und Managementrisiken sowie Beschaffungs- und Absatzrisiken) maßgeblich den strategischen „Misserfolg" der Unternehmen.

In Abhängigkeit von Ausmaß und Intensität der Konfliktbeteiligung kann dabei für die konfliktabhängigen Unternehmensrisiken zwischen konfliktdeterminierten Risiken (die von einem Konfliktgeschehen vollständig beherrscht werden) und konfliktassoziierten Risiken (die sich durch einen geringeren Grad der Konfliktbeteiligung auszeichnen, der jedoch nicht vernachlässigbar ist) unterschieden werden (Abb. 3.10).

Zu den konfliktdeterminierten Unternehmensrisiken gehören neben den stets konfliktgetriebenen Rechtsrisiken (z. B. bezüglich Lieferanten oder Kunden) insbesondere bestimmte Personalrisiken (z. B. Austritts-, Motivations- und Loyalitätsrisiken im Gefolge von Arbeitsplatzkonflikten).

Beispiele für konfliktassoziierte Unternehmensrisiken sind die typischen Managementrisiken als Durchsetzungs- und Kontrollrisiken. Diese Führungsrisiken finden sich im Tagesgeschäft der Unternehmen immer dann, wenn das Verhalten der Mitarbeiter nicht den an den Unternehmenszielen ausgerichteten Vorgaben und Erwartungen der Führungskräfte und/oder der Unternehmensleitung entspricht [18].

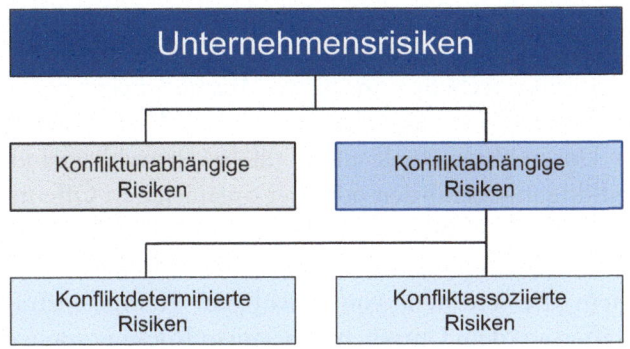

Abb. 3.10 Konfliktabhängigkeit von Unternehmensrisiken

Hinter den genannten Unternehmensrisiken stehen kollidierende Interessen der Konfliktparteien, die ein risikoreduzierendes Interessenmanagement der Unternehmen erforderlich machen.

Strategische Relevanz der Unternehmenskonflikte

Die Relevanz eines strategischen Umgangs mit Unternehmenskonflikten wird besonders deutlich, wenn deren Einfluss auf das immaterielle Erfolgskapital der Unternehmen betrachtet wird.

Zum Erfolgskapital der Unternehmen gehören die Beziehungen zu den Stakeholdern, die mit ihren finanziellen Erfolgsbeiträgen erst deren wirtschaftliche Existenz ermöglichen und gegebenenfalls langfristige ökonomische Perspektiven eröffnen – oder nicht eröffnen.

Als intern gestaltbare Erfolgsfaktoren sind die Stakeholder-Beziehungen damit entscheidend für das Erfolgspotenzial der Unternehmen. Aus diesem Grund stehen sie regelmäßig im Zentrum eines strategisch angelegten Stakeholder-Managements, das in der Unternehmenspraxis als

- Human Resource Management (HRM) [19],
- Customer Relationship Management (CRM) [20],
- Supplier Relationship Management (SRM) [21] und
- Investor Relationship Management (IRM) [22]

fest verankert ist.

Vor diesem Hintergrund werden Konflikte mit Lieferanten, Kunden, Mitarbeitern, Gesellschaftern oder Investoren zu strategischen Unternehmensrisiken, wenn wichtige Arbeits- und Geschäftsbeziehungen durch ein Konfliktgeschehen in einem Ausmaß belastet werden, dass Stakeholder-Kapital und mögliche Zukunftserfolge verloren gehen und strategische Unternehmensziele nicht (mehr) erreichbar sind. Gleiches gilt für Konflikte mit Behörden oder der organisierten Öffentlichkeit.

Diese Sachverhalte können mit Unternehmenskonflikten verdeutlicht werden, die zur Kündigung von zentralen Beschaffungs- oder Lizenzverträgen, einem Ausscheiden von wichtigen Kompetenzträgern oder Führungskräften aus dem Unternehmen, einem Rückzug von wesentlichen Eigen- oder Fremdkapitalgebern aus ihrem finanziellen Engagement oder

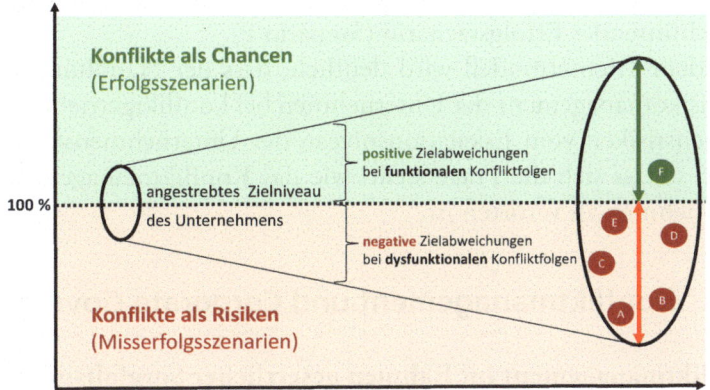

Abb. 3.11 Eskalationstrichter: Eskalationsniveau und Zielabweichungen

einem Verlust von umsatzstarken Kunden führen. Weitere Beispiele sind Konflikte mit Bau- und Ordnungsämtern oder aktiven Bürgerinitiativen, wenn es um infrastrukturrelevante Investitionsvorhaben der Unternehmen geht.

Da in Konflikten das zielkonforme und zukunftssichernde Verhalten involvierter Stakeholder mit zunehmendem Eskalationsniveau schwinden und das Ausmaß negativer Zielabweichungen in diesem Risikoszenario zunehmen wird, kann die Relevanz eines strategischen Umgangs mit Unternehmenskonflikten mit Abbildung Abb. 3.11 veranschaulicht werden.

Die Abbildung skizziert in einem Eskalationstrichter[22] vereinfacht die Bandbreite strategischer Misserfolgsszenarien (Szenarien A bis E) in Abhängigkeit von der Eskalation der Stakeholder-Konflikte nach Konfliktepisoden sowie intervenierender Konfliktbewältigungsmaßnahmen.

---

[22] Der Eskalationstrichter modifiziert für das Konfliktmanagement das Modell des Szenariotrichters, das in der strategischen Unternehmensplanung zukünftige Entwicklungen und Verhaltensweisen (Szenarien) mit zunehmender Komplexität und Unsicherheit veranschaulicht (Szenario-Analyse) [7].

Um auch positive (funktionale) Konfliktfolgen zu berücksichtigen, enthält Abb. 3.11 darüber hinaus für eskalierende Unternehmenskonflikte ein zielführendes Erfolgsszenario (Szenario F).

In dem Trichtermodell wird deutlich, dass der Handlungsbedarf für das Risikomanagement der Unternehmen bei konfliktgetriebenen Unternehmensrisiken vom Eskalationsniveau der Unternehmenskonflikte abhängt, sodass sich die Frage stellt, wie das Konfliktmanagement in den Unternehmen zu verorten ist.

3.3.2 Konfliktmanagement und Corporate Governance

Konfliktmanagement im Rahmen gesetzlicher Sorgfaltspflichten
Aus der Verpflichtung, bedrohliche Unternehmensrisiken möglichst frühzeitig zu identifizieren und im Rahmen des Risikomanagements auf ein verantwortbares Maß zu reduzieren, resultiert für die Unternehmensleitung von haftungsbegrenzten Gesellschaften die Verpflichtung, auch zielkritische Unternehmenskonflikte sowohl strategisch als auch operativ in den Blick zu nehmen.

Ein Risikomanagementansatz, der konfliktgetriebene Unternehmensrisiken nicht hinreichend erfasst und im weiteren Managementprozess adäquat berücksichtigt, ist unvollständig konzipiert und führt auch zu Haftungsfragen im Zusammenhang mit der Verletzung gesellschaftsrechtlicher Sorgfaltspflichten.

Gestützt wird diese Argumentation durch die abgeleitete Verpflichtung zur Anpassung bestehender Risikomanagementsysteme an neue Erkenntnisse aus der Unternehmenspraxis, wie sie beispielsweise in den empirischen Studien zum Konfliktmanagement der Unternehmen zu finden sind.

Aus gesellschaftsrechtlicher Corporate Governance-Perspektive wird das Konfliktmanagement damit zum integralen Bestandteil des Risikomanagement der Unternehmen, dessen oberstes Ziel die Existenzsicherung der Unternehmen als Unternehmensinteresse ist [23].

Konfliktmanagement im Rahmen einer wertorientierten Unternehmensführung
Kennzeichen einer wertorientierten Unternehmensführung ist nach dem Shareholder-Ansatz die Ausrichtung der Unternehmenspolitik an den

ökonomischen Interessen der Eigentümer der Unternehmen. Als Risiko-kapitalgeber erwarten die Anteilseigner im Vergleich zu sichereren Finanzanlagealternativen langfristig eine höhere Verzinsung ihres investierten Kapitals.

Strategisches Ziel dieses in der Unternehmenspraxis etablierten Managementkonzepts ist die Maximierung bzw. Optimierung der Unternehmenswerte (Shareholder-Values). Damit verbunden ist eine finanzielle Bewertung sowohl der Unternehmensstrategien als auch der Unternehmen selbst [5].

Erfolgt die Unternehmensbewertung auf der Basis finanzieller Erfolgspotenziale der Unternehmen, kommen die Zukunftserfolgswertverfahren zum Einsatz. Diese Bewertungsverfahren folgen dem Kapitalwertkalkül der Investitionsrechnung und ermitteln die Marktwerte der Unternehmen durch Diskontierung prognostizierter Erfolgsgrößen des Rechnungswesens (z. B. handelsrechtlicher Jahresüberschüsse oder betrieblicher Cashflows).

In diesen Bewertungsmodellen reduzieren Unternehmenskonflikte die Unternehmenswerte, indem sie dazu führen, dass Zukunftserfolge nicht vollumfänglich erwirtschaftet werden, da realisierbare Erfolgseinnahmen ausbleiben und/oder zusätzliche Erfolgsausgaben anfallen (Abb. 3.12). Beispiele hierfür sind konfliktbedingte Produktivitätsverluste und verloren gegangene Umsatzerlöse, erhöhte Ausgaben im Personalbereich durch Fehlzeiten und Kündigungen sowie zugehörige Gerichts- und Anwaltskosten.

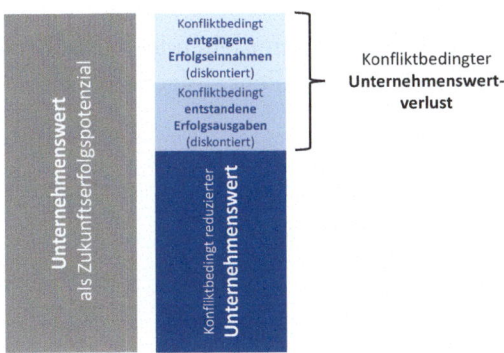

Abb. 3.12 Unternehmenswertverlust durch Konflikte

Da dysfunktionale Stakeholder-Konflikte das soziale Erfolgskapital der Unternehmen reduzieren und die Ausschöpfung ökonomischer Erfolgspotenziale verhindern, führt eine Vernachlässigung dieser Zusammenhänge in den Strategiekonzepten einer wertorientierten Unternehmensführung nicht zu den angestrebten (maximalen) Unternehmenswerten.

Vor diesem Hintergrund ist ein strategisches Konfliktmanagement, das zur Stabilisierung und Stärkung der Stakeholder-Beziehungen und der Optimierung ihrer finanziellen Wertbeiträge führt, ein zielführendes Instrument im Shareholder-Value-Management der Unternehmen. Die Qualität der Arbeits- und Geschäftsbeziehungen beeinflusst maßgeblich die Geschäfts- oder Firmenwerte der Unternehmen, die als „Goodwill" bei Unternehmenstransaktionen im Rahmen der Kaufpreise über ihre Substanzwerte hinaus erzielt werden [24].

Quantifizierende Ausführungen zum Einfluss interner und externer Unternehmenskonflikte auf die finanziellen Zukunftserfolge der Unternehmen sowie die daraus abgeleiteten Unternehmenswerte finden sich ergänzend im Anhang (Abschn. 9.2).

Konfliktmanagement im Rahmen einer werteorientierten Unternehmensführung

Eine werteorientierte Unternehmensführung geht über rein finanzielle Unternehmensziele hinaus und ist durch eine grundlegende Ausrichtung der Unternehmenspolitik an gesellschaftlichen Werten und ethischen Prinzipien gekennzeichnet. Diese Werte und Prinzipien bilden als Bestandteile der Unternehmenskultur das normative Fundament der Unternehmensführung [25].

Zur Veranschaulichung handlungsleitender Grundwerte einer wertebasierten Unternehmenspolitik dient folgender Wertekanon aus der Unternehmenspraxis: [26]

* Zukunfts- und Ertragsorientierung,
* Verantwortung und Nachhaltigkeit,
* Initiative und Konsequenz,
* Offenheit und Vertrauen,
* Fairness und Zuverlässigkeit sowie
* Glaubwürdigkeit, Legalität und Vielfalt.

Bereits in der vierten EUV/PwC-Studie zum Konfliktmanagement in deutschen Unternehmen wird herausgearbeitet, dass es sich gerade in Konfliktsituationen zeigt, für welche Werte die Unternehmen stehen und welche tatsächliche Bedeutung die propagierten Unternehmenswerte im Tagesgeschäft für das Unternehmenshandeln haben. Zu diesem Thema wird dabei ausgeführt:

„Ausnahmslos jedes KMS[23] ermöglicht (…) einen sicht- und spürbaren Beitrag zu einer werteorientierten Unternehmensführung (…). Diese Dimension von KMS wurde bislang signifikant unterschätzt." [27]

Ein Konfliktmanagementprogramm auf der Basis klaren Prinzipien und Wertentscheidungen der Unternehmensleitung trägt dazu bei, eine wertegeleitete Unternehmenspolitik glaubwürdig und reputationsfördernd im Unternehmen umzusetzen [28].

Diese Ausführungen zeigen, dass ein strategisches Konfliktmanagement die Corporate Governance-Performance der Unternehmen systematisch optimiert und durch Konflikte direkt oder indirekt versperrte Erfolgspotenziale zugänglicher macht.

3.3.3 Strategischer Handlungsbedarf für das Konfliktmanagement

Die hinter der Risikolandschaft stehende Konfliktlandschaft der Unternehmen lässt sich ebenfalls in einem zweidimensionalen Bewertungskonzept erfassen und visualisieren.

Analog zum Risikomanagement führt diese Überlegung für das Konfliktmanagement zu einer Konfliktmatrix (Conflict-Map) [18], die das Konfliktportfolio der Unternehmen abbildet (Abb. 3.13).

In der Konfliktmatrix erfolgt die Beurteilung und Klassifizierung der Unternehmenskonflikte zum einen über die strategische Relevanz der Konfliktparteien, die aus ihren potenziellen Beiträgen zur Erreichung der Unternehmensziele resultiert, und zum anderen über die Eskalationsniveaus der betrachteten Unternehmenskonflikte.

---

[23] Die Abkürzung KMS steht (auch) in der PWC/EUV-Studienreihe für Konfliktmanagementsystem(e).

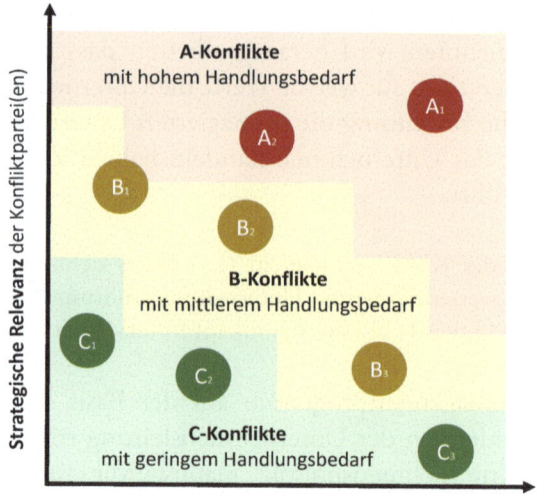

Abb. 3.13 Konfliktmatrix (Conflict-Map)

Eine Bewertung der Unternehmenskonflikte anhand dieser Kriterien ermöglicht es den Unternehmen, mit Hilfe der Conflict-Map den Handlungsbedarf für das Konfliktmanagement zu identifizieren. Der Interventionsbedarf ergibt sich hier durch die Positionierung der Konflikte in der Konfliktmatrix und die Abgrenzung von drei Akzeptanzbereichen, die abgestuft die unterschiedliche Dringlichkeit von Maßnahmen zum Management konfliktgetriebener Risiken und Zielabweichungen anzeigen (ABC-Analyse der Konflikte) [29].

Wie mit dem Modell des Eskalationstrichters wird auch in der Konfliktmatrix deutlich: Je größer der individuelle Zielbeitrag (Schadensrelevanz) einer Konfliktpartei ist und je eskalierter die Konflikte sind, desto größer und wahrscheinlicher sind konfliktbedingte Abweichungen von den Unternehmenszielen und desto dringlicher ist der Interventionsbedarf zur strategischen Konflikt- und Risikosteuerung.

Voraussetzung für die Interventionen zum Management kritischer Unternehmenskonflikte sind operative Bearbeitungsstrukturen, die im Rahmen des Risikomanagements der Unternehmen zu einem strategischen Umgang mit den Konflikten, d. h. einem strategischen Konfliktmanagement führen.

Literatur

1. Schreyögg, G., & Geiger, D. (2015). *Organisation. Grundlagen moderner Organisationsgestaltung.* Springer-Gabler.
2. Macharzina, K., & Wolf, J. (2023). *Unternehmensführung: Das internationale Managementwissen. Konzepte – Methoden – Praxis.* Springer-Gabler.
3. Koch, J. (2023). *Aktiengesetz. Beck'sche Kurz-Kommentare* (Bd. 53). C. H. Beck.
4. Stahl, J. (2013). *Organisationaler Wandel durch Koalitionsbildung. Eine anreiz-beitrags-theoretische Erklärung mitarbeiterinduzierter Veränderungsprozesse.* Springer-Gabler.
5. Hungenberg, H. (2014). *Strategisches Management in Unternehmen. Ziele – Prozesse – Verfahren.* Springer-Gabler.
6. Schierenbeck, H., & Wöhle, C. B. (2016). *Grundzüge der Betriebswirtschaftslehre.* Oldenbourg.
7. Bea, F. X., & Haas, J. (2019). *Strategisches Management.* UTB.
8. Regierungskommission Deutscher Corporate Governance Kodex. (2022). *Deutscher Corporate Governance Kodex.* https://www.dcgk.de/de/kodex.html. Zugegriffen am 24.10.2024.
9. Müller-Stewens, G., & Lechner, C. (2016). *Strategisches Management. Wie strategische Initiativen zum Wandel führen.* Schäffer-Poeschel.
10. Müller, S., & Müller, S. (2020). *Unternehmenscontrolling. Managementunterstützung bei Erfolgs-, Finanz-, Risiko- und Erfolgspotenzialsteuerung.* Springer-Gabler.
11. Vanini, U (2021). *Risikomanagement. Grundlagen, Instrumente, Unternehmenspraxis.* Schäffer-Poeschel.
12. Institut der Wirtschaftsprüfer. (2017). *IDW Prüfungsstandard: Grundsätze ordnungsmäßiger Prüfung von Risikomanagementsystemen (IDW PS 981).* IDW.
13. Deutsches Rechnungslegungs Standards Committee. (2012, Dezember 04). *Deutscher Rechnungslegungs Standard Nr. 20 (DRS 20) Konzernlagebericht. Bundesministerium der Justiz. Bundesanzeiger (Amtlicher Teil).* https://www.bundesanzeiger.de/pub/de/start?24. Zugegriffen am 24.10.2024.
14. Stüdemann, K. (1988). *Allgemeine Betriebswirtschaftslehre.* Oldenbourg.
15. Welge, M., & Eulerich, M. (2021). *Corporate-Governance-Management. Theorie und Praxis der guten Unternehmensführung.* Springer-Gabler.
16. Ballwieser, W. (2009). Controlling und Risikomanagement. In P. Hommelhoff, K. J. Hopt, & A. von Werder (Hrsg.), *Handbuch Corporate Governance. Leitung und Überwachung börsennotierter Unternehmen in der Rechts- und Wirtschaftspraxis* (S. 447–462). Schäffer-Poeschel.

17. Gleißner, W. (2022). *Grundlagen des Risikomanagements. Handbuch für ein Management unter Unsicherheit.* Vahlen.

18. Knobloch, T. (2012). Integration von Konflikt- und Risikomanagement (CMRM-Modell) – Eine betriebswirtschaftliche Herausforderung für Unternehmen. *Konfliktdynamik, 1*(3), 224–232.

19. Werkmann-Karcher, B., Müller, A., & Zbinden, T. (Hrsg.). (2023). *Personalpsychologie für das Human Resource Management.* Springer.

20. Rainer, A., & Reinhold, O. (2017). *Social Customer Relationship Management: Grundlagen, Anwendungen und Technologien.* Springer-Gabler.

21. Kleemann, F. C. (2014). *Supplier Relationship Management im Performance-based Contracting: Anbieter-Lieferanten-Beziehungen in komplexen Leistungsbündeln (Supply Chain Management).* Springer-Gabler.

22. Hoffmann, P. C., Schiereck, D., & Zerfaß, A. (Hrsg.). (2022). *Handbuch Investor Relations und Finanzkommunikation.* Springer-Gabler.

23. Knobloch, T. (2014). Konfliktmanagement als integraler Bestandteil des Risikomanagements von Kapitalgesellschaften. In U. Gläßer, L. Kirchhoff, & F. Wendenburg (Hrsg.), *Konfliktmanagement in der Wirtschaft. Ansätze, Modelle, Systeme* (S. 375–393). Nomos.

24. Matschke, M., Brösel, G., & Toll, C. (2024). *Unternehmensbewertung. Funktionen -Methoden – Grundsätze.* Springer-Gabler.

25. Lange, J. (2021). Einführung in die werteorientierte Führung. In J. Lange (Hrsg.), *Werteorientierte Führung in Theorie und Praxis. Konzepte – Studienergebnisse – Praxiseinblicke* (S. 1–19). Springer-Gabler.

26. Robert Bosch GmbH. (2023). *Unsere Verantwortung. Unsere Werte – Worauf wir bauen.* https://www.bosch.de/unser-unternehmen/unsere-verantwortung/. Zugegriffen am 24.10.2024.

27. PricewaterhouseCoopers/Europa-Universität Viadrina. (Hrsg.). (2013). *Konfliktmanagement als Instrument werteorientierter Unternehmensführung.*

28. Kirchhoff, L., & Wendenburg, F. (2014). Professionalisierungsperspektiven – Konfliktmanagement als Dienstleistung und Instrument werteorientierter Unternehmensführung. In U. Gläßer, L. Kirchhoff, & F. Wendenburg (Hrsg.), *Konfliktmanagement in der Wirtschaft. Ansätze, Modelle, Systeme* (S. 473–485). Nomos.

29. Knobloch, T. (2016). Konflikte und Compliance. In B. Makowicz (Hrsg.), *Praxishandbuch Compliance Management Online. Entwicklung und Umsetzung von Systemen zur Regeleinhaltung in Unternehmen und Organisationen im In- und Ausland* (7. Ergänzungslieferung Juni 2016, Kapitel 2-75) https://login.reguvis.de/complyplus/. Zugegriffen am 24.10.2024.

4

Entwicklungsstufen und Basisstrukturen des strategischen Konfliktmanagements in Unternehmen

Zusammenfassung Für das operative Konfliktmanagement der Unternehmen können vier Entwicklungsstufen unterschieden werden, die sich mit unterschiedlichen Wirkungsgraden in die strategischen Programme der Unternehmen integrieren lassen. Vorgestellt wird in diesem Kapitel das Konzept der operativen Basisstrukturen des Konfliktmanagements. Dieses flexible Konzept verlangt in einem ersten Schritt den Aufbau notwendiger Kompetenzen in den Unternehmen und betrifft funktional die Identifikation und Bearbeitung interventionsrelevanter Konflikte sowie die zugehörige Unternehmenskommunikation. Erweiterungen und Vertiefungen der Basisstrukturen führen bei Bedarf in einem zweiten Schritt zu passgenauen Konfliktmanagementsystemen. Ein strategisches Konfliktmanagement lässt sich mit diesem aufbauorganisatorischen Ansatz durch zielführende Verschränkungen der Konfliktmanagementstrukturen mit den Strategiethemen und Corporate Governance-Systemen der Unternehmen realisieren.

© Der/die Autor(en), exklusiv lizenziert an Springer Fachmedien Wiesbaden GmbH, ein Teil von Springer Nature 2025
T. Knobloch, *Strategisches Konfliktmanagement*,
https://doi.org/10.1007/978-3-658-47671-7_4

4.1 Entwicklungsstufen des Konfliktmanagements in Unternehmen

Für das operative Konfliktmanagement, d. h. die Bearbeitung interventionsrelevanter Unternehmenskonflikte lassen sich vier Entwicklungs- oder Ausbaustufen unterscheiden und mit Abb. 4.1 veranschaulichen [1].

Die Einbindung der Konfliktbearbeitung in die strategischen Programme der Unternehmen (z. B. zur Reduzierung konfliktgetriebener Personalrisiken in einzelnen Geschäftsbereichen oder von B2C-Risiken mit Kunden) ist dabei auf jeder Ausbaustufe des Konfliktmanagements mit unterschiedlichen Wirkungsgraden möglich.

4.1.1 Implizites Konfliktmanagement durch allgemeine Führungsprozesse

Beim impliziten Management der Unternehmenskonflikte (Ausbaustufe 0) wird weder eine konkrete Person benannt, die einen Konflikt im Unternehmensinteresse klären soll, noch wird ausdrücklich ein Arbeitsauftrag zur Konfliktbearbeitung erteilt.

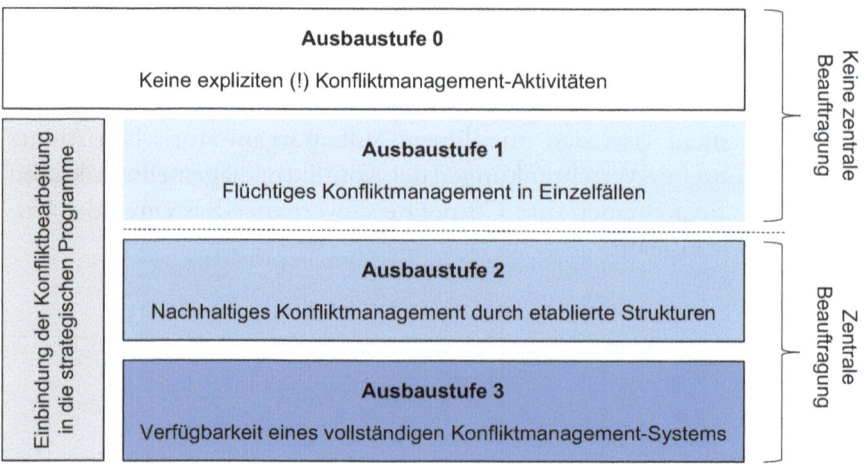

Abb. 4.1 Ausbaustufen der operativen Konfliktbearbeitung

Stattdessen wird davon ausgegangen, dass störende Unternehmenskonflikte im Tagesgeschäft von den zuständigen Führungskräften quasi „en passant" geklärt werden und die beeinträchtigten Arbeits- und Geschäftsprozesse anschließend reibungslos weiterlaufen.

Das Konfliktmanagement erfolgt auf dieser Stufe im Vertrauen auf die Sozialkompetenz der Führungskräfte unkoordiniert im Rahmen der allgemeinen Führungsprozesse der Unternehmen.

4.1.2 Explizites Konfliktmanagement durch konkrete Bearbeitungsaufträge

Im Gegensatz zum impliziten Konfliktmanagement werden beim expliziten Management der Unternehmenskonflikte ausdrücklich Personen benannt, die sich durch besondere Kompetenzen im Konfliktmanagement auszeichnen und aufgrund dieser Kompetenzen im Unternehmen mit der Bearbeitung von Konflikten beauftragt werden.

Als Konfliktbearbeiter kommen Angehörige des Unternehmens (z. B. als Mediatoren ausgebildete Führungskräfte oder Ombudspersonen) sowie unternehmensfremde Dienstleister (z. B. externe Mediatoren, Schlichter oder qualifizierte Rechtsanwälte) in Betracht.

Der konkrete Arbeitsauftrag zur Konfliktbearbeitung kann sich sowohl auf interne Konflikte (z. B. mit Gesellschaftern oder zwischen Führungskräften und Mitarbeitern) als auch auf externe B2X-Konflikte (z. B. mit Fremdkapitalgebern oder Kunden) beziehen.

Flüchtiges Konfliktmanagement in Einzelfällen
Charakterisierend für die Ausbaustufe 1 ist ein expliziter Auftrag zur Bearbeitung eines einzelnen Konflikts (z. B. zwischen dem Unternehmen und einem Lieferanten) sowie die fehlende Nachhaltigkeit dieses isolierten Konfliktmanagements für die zukünftige Konfliktbearbeitung.

Sobald der Unternehmenskonflikt (z. B. von einem Mediator oder Schiedsgericht) erfolgreich geklärt wurde, ist der Bearbeitungsauftrag (z. B. ein Mediationsauftrag oder Schiedsverfahren) abgeschlossen.

Weitergehende Konsequenzen für den Umgang mit anderen Unternehmenskonflikten zur Reduzierung konfliktgetriebener Unternehmensrisiken resultieren aus diesem flüchtigen Konfliktmanagement nicht.

Nachhaltige Konfliktmanagementstrukturen

Sofern ein strategischer Umgang mit Unternehmenskonflikten angestrebt wird und verstetigt werden soll, sind im Unternehmen Organisationsstrukturen erforderlich, die eine zielführende Konfliktbearbeitung nicht nur für einen einzelnen Konflikt sondern nachhaltig gewährleisten.

Die in der Ausbaustufe 2 notwendigen Aufbau- und Ablaufstrukturen legen zum einen fest, an welchen Stellen im Unternehmen das Konfliktmanagement arbeitsteilig erfolgen soll (Aufbaustrukturen), und definieren zum anderen die Gestaltung der zugehörigen Prozessschritte für den Umgang mit Konflikten (Ablaufstrukturen).

Die arbeitsteiligen Aufbaustrukturen des Konfliktmanagements können sich in einem Unternehmen zum Beispiel auf die Identifikation und die Bearbeitung von Unternehmenskonflikten sowie die Kommunikation zum Konfliktmanagement beziehen. Die Ablaufstrukturen des Konfliktmanagements legen dann fest, welche Arbeitsschritte in welcher Reihenfolge wie zeitnah erfolgen sollen und welche Mitarbeiter dafür zuständig sind [2].

Vollständige Konfliktmanagementsysteme

Auf der letzten Entwicklungsstufe des Konfliktmanagements verfügt ein Unternehmen über ein vollständiges Konfliktmanagementsystem (Ausbaustufe 3).

Konfliktmanagementsysteme resultieren regelmäßig aus einer Weiterentwicklung bereits vorhandener Konfliktmanagementstrukturen [3] und zeichnen sich nach dem Verständnis von PricewaterhouseCoopers und der Europa-Universität Viadrina dadurch aus, dass sie

„als voll entwickelte Organisationsform eines strukturierten und koordinierten [Konfliktmanagements] alle notwendigen Systemkomponenten (des Viadrina-Komponentenmodells oder anderer Systemmodelle) umsetzen". [4]

Nach dieser begrifflichen Abgrenzung liegt jedem Konfliktmanagementsystem ein Referenzsystem zugrunde, dessen Systemkomponenten vollständig in einem Unternehmen implementiert sind.

Die folgenden Ausführungen zum operativen Konfliktmanagement der Unternehmen sind auf der Stufe nachhaltiger Konfliktmanagementstrukturen zu verorten, die aufgrund ihres elementaren Charakters als „Basisstrukturen" dargestellt werden und in der Unternehmenspraxis infolge ihrer flexiblen Skalierbarkeit sowie vergleichsweise geringer Kosten (vermutlich) eine hohe Akzeptanz finden.

Darauf aufbauend wird deren Verknüpfung mit den Strategiethemen der Unternehmen skizziert, sodass der Weg zu einem strategischen Konfliktmanagement Schritt für Schritt über strategisch verschränkte Konfliktmanagementstrukturen führt.

Am Ende dieser Entwicklung stehen bei Bedarf passgenaue Konfliktmanagementsysteme – sofern dieses für die Unternehmen funktional erforderlich und ökonomisch sinnvoll ist.

4.2 Operative Basisstrukturen des Konfliktmanagements

4.2.1 Konzept der Basisstrukturen für das Konfliktmanagement der Unternehmen

Zentrale Anknüpfungspunkte für das operative und strategisches Konfliktmanagement sind die tradierte Unternehmenskultur, die Kompetenz der Führungskräfte, die formalen Organisationsstrukturen im Unternehmen sowie die Kommunikation zum gewünschten Umgang mit Unternehmenskonflikten.

Die einzelnen Anknüpfungspunkte führen unmittelbar zu operativen Basisstrukturen des Konfliktmanagements [5], die funktional zusammenwirken und mit Abb. 4.2 veranschaulicht werden können.

Diese Basisstrukturen sind dauerhafte Organisationstrukturen, die als Aufbau- und Ablaufstrukturen unterhalb vollständig implementierter Konfliktmanagementsysteme ein hinreichendes Management interner

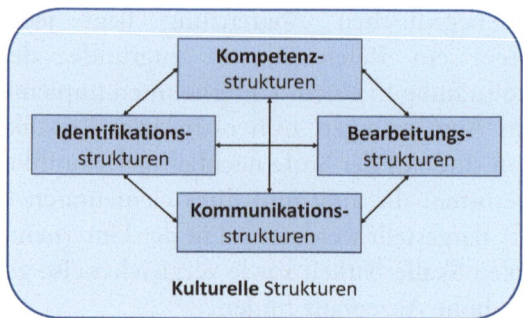

Abb. 4.2 Operative Basisstrukturen des Konfliktmanagements

und/oder externer Unternehmenskonflikte im Rahmen einer verantwortungsvollen Unternehmensführung gewährleisten.[1]

Da die Identifikations- und Bearbeitungsstrukturen auch eine erste Analyse und Bewertung der erfassten Unternehmenskonflikte ermöglichen, sind für diese Funktionalitäten zunächst keine weiteren Organisationsstrukturen aufzubauen.

Für das konkrete Design der Basisstrukturen muss in Übereinstimmung mit den maßgeblichen Zielen der Unternehmen entschieden werden, welche Unternehmenskonflikte (z. B. Konflikte am Arbeitsplatz und/oder bestimmte B2X-Konflikte) in einem ersten Schritt zum Gegenstand des Konfliktmanagements werden.

Die Weiterentwicklung der Basisstrukturen zu einem strategisch ausgerichteten Konfliktmanagement erfolgt in Abhängigkeit vom strategischen Handlungsbedarf der Unternehmen durch Verzahnung der implementierten Strukturen mit ausgewählten Funktionsbereichsstrategien (z. B. Beschaffungs-, Produktions- und Vertriebsstrategien) [6] sowie funktionsbereichsübergreifenden Strategiekonzepten (z. B. zu den Themen Nachhaltigkeit, New Work oder Compliance – Kap. 6).

---

[1] Da die Aufbau- und Ablauforganisation in einem Unternehmen vollständig ineinandergreifen, wird für die Basisstrukturen auf diese eher organisationstheoretische Differenzierung verzichtet.

4.2.2 Kulturelle Strukturen

In jedem Unternehmen existiert eine charakteristische Unternehmenskultur, die wertegetragen aus der Entwicklung des Unternehmens hervorgegangen ist und das Handeln und Entscheiden im Unternehmen über verfestigte Wahrnehmungs-, Denk- und Verhaltensmuster bestimmt [7]. Das gilt uneingeschränkt auch für das „erlernte" Verhalten in Konfliktsituationen sowie den Umgang mit Konflikten im Unternehmen.

Vor diesem Hintergrund trifft jeder Ansatz für ein nachhaltiges Konfliktmanagement auf kulturelle Gegebenheiten zum Umgang mit Unternehmenskonflikten, die regelmäßig die aktuelle Grundlage sowohl für das operative als auch ein strategisches Konfliktmanagement der Unternehmen bilden.

Für ein effektives Design der übrigen Basisstrukturen kommt der etablierten Unternehmenskultur eine besondere Bedeutung zu, denn der Wirkungsgrad des Konfliktmanagements und der daraus resultierende Erfolg für die Unternehmensführung hängt nicht zuletzt von der kulturellen Verträglichkeit dieser Strukturen in den Unternehmen ab.

Das ist auch der Grund, warum die kulturellen Strukturen eines Unternehmens im Konzept der Basisstrukturen Berücksichtigung finden (müssen) und auch gleich zu Beginn der Überlegungen betrachtet werden. Der Prozess des Konfliktmanagements vollzieht sich stets innerhalb dieser verhaltensprägenden Strukturen, die zunächst einmal als gegeben hinzunehmen sind, sich jedoch langfristig für und durch das Konfliktmanagement gestalten lassen.

Kurzfristige Anknüpfungspunkte für eine Veränderung der kulturellen Rahmenbedingungen zu einer funktionalen, d. h. zielführenden „Konfliktkultur" sind sowohl das oberflächlich sichtbare Symbolsystem eines Unternehmens (z. B. Rituale, Geschichten und Corporate Identity) als auch dessen tieferliegende Normen und Werte (z. B. Führungsgrundsätze, Verhaltensrichtlinien und Regelsysteme) [8], womit schon einmal eine zentrale Schnittstelle zu den Kommunikationsstrukturen des Konfliktmanagements deutlich wird.

Insofern wirken Konfliktmanagementstrukturen auch selbst auf die Unternehmenskultur ein und tragen langfristig zur Stabilität und Nachhaltigkeit des Konfliktmanagements bei.

4.2.3 Kompetenzstrukturen

Für die Qualität der Konfliktbearbeitung sind die Kompetenzen der mit dem Management der Unternehmenskonflikte beauftragten Personen (Führungskräfte, Funktionsträger, interne oder externe Mediatoren, Rechtsanwälte etc.) von zentraler Bedeutung.

Die für ein erfolgreiches Konfliktmanagement erforderlichen Fach-, Methoden- und Sozialkompetenzen sind im Rahmen der Personalentwicklung innerhalb des Unternehmens aufzubauen und/oder durch eine Verfügbarkeit unternehmensexterner Kompetenzen vor Ort sicherzustellen. Sie betreffen dabei nicht nur die Bearbeitungsstrukturen, sondern auch die Identifikations- und Kommunikationsstrukturen.

Welche Bearbeitungskompetenzen im Einzelfall benötigt werden, richtet sich nicht zuletzt nach den Verfahren, die zur Konfliktbearbeitung herangezogen werden sollen (z. B. eine Verhandlung, eine Mediation, eine Schlichtung oder ein Schiedsverfahren). In den meisten Fällen werden Verhandlungs- oder Mediationskompetenzen ausreichen, da in der deutschen Wirtschaft Verhandlungen und Mediationen unter den außergerichtlichen ADR-Verfahren nach wie vor die höchsten Vorteilswerte aufweisen und in der Praxis am häufigsten genutzt werden [9].

Ein besonderes Kompetenzkonzept zur Konfliktbearbeitung ist das LUNA-Konzept. Das englischsprachige Akronym LUNA steht für „Listen" (Zuhören), „Understand" (Verstehen), „Negotiate" (Verhandeln) und „Adopt" (Annehmen). Beschrieben werden mit diesen Begriffen sowohl zentrale Kompetenzen für eine zielführende Konfliktklärung als auch ein Verfahrenskonzept, das sich an den etablierten Prinzipien der (Wirtschafts-)Mediation orientiert und für die Konfliktbearbeitung die Verhandlungspräferenz vieler Unternehmen [10] berücksichtigt.[2]

---

[2] Eine ausführlichere Beschreibung des LUNA-Kompetenz- und Verfahrenskonzepts zur Klärung von Unternehmenskonflikten ist auf der LUNA-Wesite (www.luna-adr.de) verfügbar.

4.2.4 Identifikationsstrukturen

Die bewusste Wahrnehmung konkreter Unternehmenskonflikte als handlungsfordernde Probleme im Unternehmen ist Voraussetzung für eine erfolgreiche Konfliktbearbeitung.

Zu diesem Zweck sind Identifikationsstrukturen zu etablieren, die in Anspruch genommen werden können, um auf interventionsrelevante Konflikte aufmerksam zu machen und die erforderlichen Interventionen anzustoßen.

An welchen Stellen im Unternehmen die notwendigen Identifikationsstrukturen eingerichtet werden, richtet sich nach der Art der Unternehmenskonflikte sowie der formalen Aufbauorganisation des Unternehmens.

Für interne Konflikte am Arbeitsplatz oder zwischen Gesellschaftern und eskalierende B2X-Konflikte mit externen Geschäftspartnern werden unterschiedliche Konfliktanlaufstellen [11] zu etablieren sein, die diese Konflikte organisiert erfassen und bei Bedarf für deren professionelle Bearbeitung sorgen. Für Arbeitsplatzkonflikte wäre beispielsweise an die Verortung einer derartigen Stelle in der Personalabteilung oder dem Betriebsrat zu denken, für B2C-Konflikte mit wichtigen Kunden könnte eine entsprechende Struktur im Vertriebs- und Servicebereich oder der Rechtsabteilung aufgebaut werden.

Die besondere Herausforderung ist dabei nicht die Ausgestaltung und organisatorische Verortung der Identifikationsstrukturen, sondern vielmehr der Abbau kultureller und psycho-sozialer Barrieren im Unternehmen, die eine niederschwellige und sanktionsfreie Inanspruchnahme der Konfliktanlaufstellen zuweilen erheblich erschweren.

4.2.5 Bearbeitungsstrukturen

Sofern Konflikte nicht im Rahmen geschützter Verhandlungen von den betroffenen Parteien selbst geklärt und beigelegt werden können, weil die Konflikte beispielsweise ein Eskalationsniveau erreicht haben, das dieses unmöglich macht, muss die Konfliktbearbeitung durch eine Einbindung kompetenter Dritter erfolgen. Hierfür sind die entsprechenden Bearbeitungsstrukturen personell zu entwickeln und im Unternehmen organisatorisch zu verankern.

Für die konkrete Bearbeitung der Unternehmenskonflikte durch Dritte kommen neben Inhouse-Strukturen (z. B. qualifizierte Ansprechpartner im Unternehmen für Konfliktberatung, Moderation, Mediation und/oder Konfliktcoaching) auch alternative bzw. ergänzende Pool- oder Netzwerkstrukturen in Betracht, sodass bei Bedarf neben dem eigenen Personal auch Spezialisten außerhalb des Unternehmens zur Verfügung stehen.

Die Vorteile von ergänzenden Pool- oder Netzwerkstrukturen mit externen Kooperationspartnern (z. B. Kammern, Verbänden oder spezialisierten Rechtanwälten/Mediatoren) resultieren insbesondere aus einer Arbeitsteilung beim Aufbau passgenauer Strukturen und Kompetenzen der Konfliktbearbeitung (z. B. bezüglich vom Unternehmen selten genutzter Interventionsverfahren wie Schiedsgutachten und Schlichtungen) sowie der Vermeidung von Interventionskosten für ungenutzte interne Kapazitäten zur Konfliktbearbeitung.

Darüber hinaus kann eine optional externe Bearbeitung bestimmter Unternehmenskonflikte persönliche Zugangsbarrieren der am Konflikt beteiligten Personen abbauen (z. B. wenn bei Arbeitsplatzkonflikten das Vertrauen in die Allparteilichkeit einer hausinternen Mediation fehlt).

4.2.6 Kommunikationsstrukturen

Die notwendige Unternehmenskommunikation zum Konfliktmanagement bezieht sich zum einen auf die operativen Managementstrukturen selbst, die im Unternehmen bekanntzumachen sind, um deren Inanspruchnahme und Funktionsfähigkeit wirksam zu fördern. Dabei ist es wichtig, neben einer klaren und glaubwürdigen Positionierung der Unternehmensleitung zum Thema Konfliktmanagement von Anfang an auch für Transparenz über die Ziele dieser Aktivitäten zu sorgen und persönliche Beteiligungsmöglichkeiten (z. B. durch Gespräche und Befragungen von Mitarbeitenden, Workshops und/oder Feedbackrunden) zu schaffen.

Zum anderen muss eine prozessbegleitende Kommunikation sicherstellen, dass die operativen Basisstrukturen handlungsrelevante Unternehmenskonflikte zuverlässig erfassen und deren professionelle Bearbeitung gewährleisten. Dieser ablauforganisatorische Aspekt führt zu neuen Kommunikationsprozessen, die im Unternehmen Anpassungen der Kommunikationsinfrastruktur (z. B. von Intranet-Foren und eigenen Weiterbildungsportalen oder der E-Mail-Kommunikation) erforderlich machen.

Für den proaktiven Umgang mit bekannten Vorbehalten und Widerständen im Unternehmen gegen ein institutionalisiertes Konfliktmanagement sind in der Unternehmenskommunikation vier Aspekte von besonderer Bedeutung [12]:

- die Bezugnahme auf den wirtschaftlichen und strategischen Nutzen des Konfliktmanagements zur Lösung konkreter Sachfragen und Herausforderungen für das Unternehmen,
- die ressourcenschonende Einbindung der Konfliktmanagementstrukturen in die bestehenden Ansätze und Prozesse zur Führung des Unternehmens,
- die Verträglichkeit des Konfliktmanagements mit den kulturellen Gegebenheiten bezüglich des Umgangs mit Konflikten und Fehlern im Unternehmen sowie
- die Berücksichtigung der hinter den vorgetragenen Bedenken liegenden persönlichen Anliegen der Mitarbeitenden und Führungskräfte.

Um den Wirkungsgrad des Konfliktmanagements zu erhöhen, ist es wichtig, neben der formellen Unternehmenskommunikation die informelle Kommunikation im Unternehmen in den Blick zu nehmen, um daraus resultierende Störungen frühzeitig erkennen und reduzieren zu können. Ein zuweilen vernachlässigter Aspekt, der aufgrund der erheblichen Relevanz eines meinungsbildenden „Flurfunks" nicht unerwähnt bleiben sollte.

4.2.7 Erweiterungen und Vertiefungen der Basisstrukturen

Die operativen Basisstrukturen des Konfliktmanagements ermöglichen Unternehmen bereits unterhalb vollständig designter und implementierter Konfliktmanagementsysteme eine effektive Bearbeitung dysfunktionaler Unternehmenskonflikte zur Reduzierung konfliktgetriebener Unternehmensrisiken.

In welchem Umfang diese operativen Strukturen in einem ersten Schritt zu entwickeln und organisatorisch zu verankern sind, richtet sich nach den konkreten Anforderungen der Unternehmen. Wesentliche Faktoren sind das Spektrum der zu erfassenden Unternehmenskonflikte (z. B. interne Arbeitsplatzkonflikte sowie externe B2C-Konflikte mit Kunden) sowie die präferierten Verfahren der Konfliktbearbeitung (z. B. Verhandlungen, Mediationen und/oder Schiedsverfahren).

Bei Bedarf können die etablierten Basisstrukturen in zwei Richtungen ausgebaut werden, die hier mit den Begriffen „Vertiefung" und „Erweiterung" beschrieben werden.

Eine Vertiefung vorhandener Basisstrukturen führt zu umfangreicheren Leistungen der Strukturen im Konfliktmanagement der Unternehmen (z. B. durch die Aus- und Fortbildung von zusätzlichen Mediatoren, die Weiterentwicklung der Verhaltensvorgaben für bestimmte Konfliktsituationen, die Einbindung weiterer ADR-Verfahren in die Konfliktbearbeitung oder einem neuen Intranet-Update zur präventiven Konfliktkommunikation).

Die Erweiterung der Basisstrukturen um zusätzliche Strukturen ermöglicht gänzlich neue Prozesse und Leistungen (z. B. durch Initiierung eines Coaching-Programms für Führungskräfte und Funktionsträger oder die Implementierung bisher fehlender Funktionen). Im Zusammenhang mit dem Risikomanagement der Unternehmen ist insbesondere an notwendige Dokumentationsprozesse oder eine Qualitätssicherung für das Konfliktmanagement zu denken.

Sofern das Spektrum der mit den Basisstrukturen zu bearbeitenden Konflikte ausgedehnt werden soll (z. B. auf B2B-Konflikte mit Lieferanten und Investoren), können die vorhandenen Basisstrukturen des Konfliktmanagements ebenfalls entsprechend vertieft und erweitert werden.

Am Ende dieser sukzessiven Entwicklungsprozesse steht in den Unternehmen ein passgenaues Konfliktmanagementsystem mit großer Effektivität und hoher Akzeptanz.

Dabei ist festzuhalten, dass weder erweiterte und vertiefte Basisstrukturen noch vollumfängliche Konfliktmanagementsysteme automatisch zu einem strategischen Management der Unternehmenskonflikte führen. Um dieses Ziel zu erreichen, sind strategische Verschränkungen der operativen Konfliktmanagementstrukturen in den Unternehmen erforderlich.

4.3 Strategische Verschränkung der Basisstrukturen des Konfliktmanagements

4.3.1 Konzept der strategischen Verschränkung operativer Basisstrukturen

Für ein strategisch ausgerichtetes Konfliktmanagement ist es erforderlich, dessen operative Strukturen in die Strategieplanung der Unternehmen einzubeziehen und mit den Systemen und Prozessen zur strategischen Unternehmensführung funktional zu verschränken.

Der Begriff der Verschränkung bezeichnet dabei eine weitgehende Einbeziehung oder Integration der Basisstrukturen des Konfliktmanagements in das strategische Management einzelner Geschäfts- und Funktionsbereiche sowie in übergreifende Strategiethemen der Unternehmen (Abb. 4.3).

Die Einbindung operativer Konfliktmanagementstrukturen in die Strategien der Geschäfts- und Funktionsbereiche führt dazu, dass in diesen Strategiesegmenten[3] ein differenziertes Konfliktmanagement zur Verfügung steht, das interne oder externe Unternehmenskonflikte wirksam bearbeitet und damit maßgeblich zum strategischen Unternehmenserfolg beiträgt.

---

[3] Der Begriff „Strategiesegment" bezeichnet hier die Funktions- und Geschäftsbereiche der Unternehmen sowie übergreifende Strategiethemen, für die regelmäßig separate Strategien (z. B. Vertriebs- und Personalstrategien oder Nachhaltigkeits- und Compliance-Strategien) entwickelt werden.

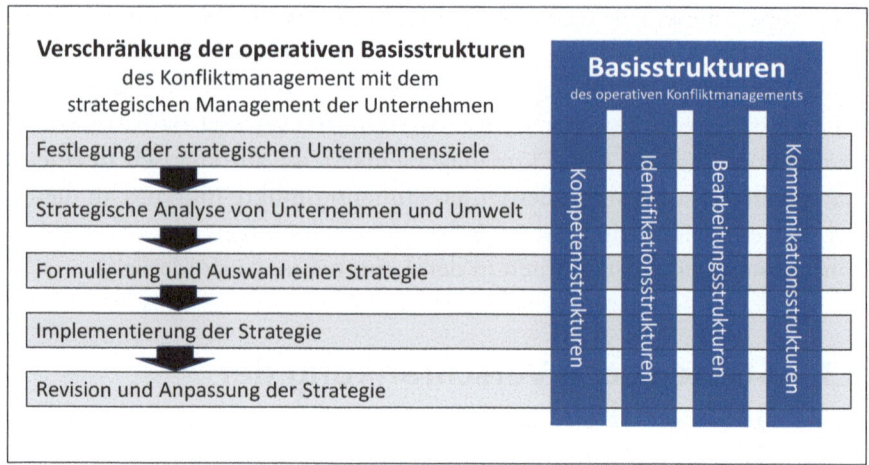

Abb. 4.3 Strategische Verschränkung der Basisstrukturen des Konfliktmanagements

Das Modellkonzept der strategisch verschränkten Konfliktmanagementstrukturen skizziert Abb. 4.4, die zugleich andeutet, dass im „Fadenkreuz" der Verschränkungen stets konkrete strategische Unternehmensziele stehen.

Auf dem Weg zu einem strategischen Konfliktmanagement muss in einem ersten grundlegenden Schritt entschieden werden, für welche Strategiethemen eine Einbindung operativer Konfliktmanagementstrukturen sinnvoll ist und an welchen Stellen im Unternehmen die Verschränkung geschehen soll.

4.3.2 Strategische Konfliktmanagementstrukturen in ausgewählten Funktionsbereichen der Unternehmen

Konfliktmanagementstrukturen im Beschaffungs- und Vertriebsbereich

Bezogen auf die betrieblichen Funktionsbereiche der Unternehmen ist zunächst an eine Einbindung des Konfliktmanagements in die Beschaf-

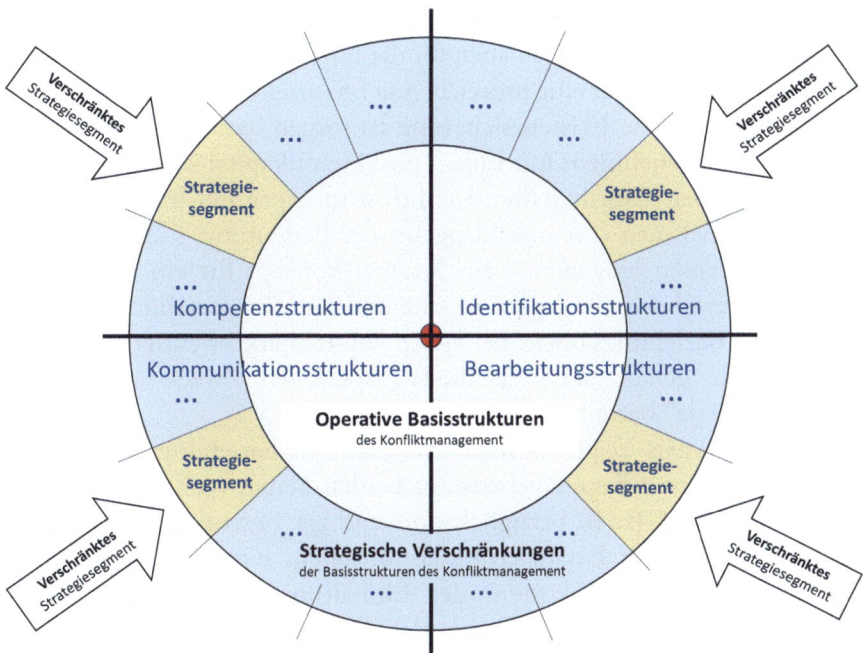

Abb. 4.4 Fadenkreuz-Modell der strategisch verschränkten Konfliktmanagementstrukturen

fungs- und Vertriebsstrategien zu denken, da deren Erfolge maßgeblich von den persönlichen Beziehungen zu Lieferanten und Kunden abhängen.

Aufgrund ihrer Relevanz für den finanziellen Unternehmenserfolg sind diese Geschäftsbeziehungen oftmals Gegenstand eines gesonderten Customer-Relationship-Managements (CRM) [13] bzw. eines Supplier-Relationship-Management (SRM) im Rahmen des Supply-Chain-Managements (SCM) [14].

Die Integration operativer Managementstrukturen für B2C- und B2B-Konflikte in die strategischen CRM- und SRM-/SCM-Programme der Unternehmen erhöht die Wirkungsgrade dieser Programme und trägt dazu bei, die betriebliche Wertschöpfung in diesen Bereichen in Übereinstimmung mit den langfristigen Vertriebs- und Beschaffungszielen zu optimieren.

Konfliktmanagementstrukturen im Finanzbereich

Analoge Überlegungen gelten auch für die Finanzierungsfunktion, die als übergeordnetes Ziel für eine hinreichende finanzielle Stabilität des Unternehmens, d. h. seine Existenzsicherung zu sorgen hat. Bei der Finanzierung eines Unternehmens mit Eigen- und Fremdkapital ist das Vertrauen der Kapitalgeber (Gesellschafter, Kreditinstitute, privater Investoren etc.) in das Unternehmen von ausschlaggebender Bedeutung, sodass im Rahmen des Finanzmanagements ein Strategiekonzept für ein vertrauensbildendes Beziehungsmanagement zu entwickeln ist. Besonders deutlich wird dieser Beziehungsaspekt bei vielen kapitalmarktorientierten Unternehmen, die gerade auch zu diesem speziellen Zweck eigene „Investoren-Portale" betreiben [15].

Wie die Praxis zeigt, werden die Geschäftsbeziehungen zwischen Unternehmen und Kapitalgebern auf beiden Seiten nicht selten durch Konflikte belastet (z. B. bezüglich notwendiger Restrukturierungsmaßnahmen, geänderter Finanzierungskonditionen, einer Neuausrichtung der Unternehmenspolitik oder der Einhaltung von ethischen, ökologischen und/oder sozialen Standards). Diese Konflikte zerstören Vertrauen und führen zuweilen sogar zur Kündigung von Krediten oder dem Rückzug von Investoren aus ihrem finanziellen Engagement.

Eine strategische Verzahnung des Konfliktmanagements mit dem Finanzmanagement der Unternehmen im Allgemeinen und dem Investor-Relationship-Management (IRM) im Besonderen trägt effektiv dazu bei, nachhaltiges Vertrauen aufzubauen und zu konservieren, die Resilienz der Finanzbeziehungen zu optimieren und konfliktabhängige Liquiditäts- und Finanzierungsrisiken sowie Corporate Governance-Risiken zu reduzieren. Letztere resultieren aus Einflussnahmen der Kapitalgeber auf die Geschäftspolitik der Unternehmen, die bei abweichenden Vorstellungen der verantwortlichen Unternehmensleitung ebenfalls Konflikte zur Folge haben – wie der öffentliche Streit zwischen Thyssenkrupp und Bayer mit dem Finanzinvestor Elliott Management über die Struktur der Konzerne exemplarisch zeigte [16].

Konfliktmanagementstrukturen im Personalbereich

Auch für das strategische Personalmanagement [17], das auf seiner operativen Ebene ohnehin in die Bewältigung bestimmter Konfliktfolgen (z. B. Kündigungen und Fehlzeiten) eingebunden ist, bietet sich eine risikoreduzierende Einbindung der Konfliktmanagementstrukturen an.

Aus strategischer Perspektive ermöglicht die Verschränkung des Konfliktmanagements mit dem Retentionsmanagement, dessen zentrale Aufgabe die langfristige Bindung des Personals an das Unternehmen ist, eine wirksame Reduzierung konfliktbedingter Austritts- und Engpassrisiken. Ein Aspekt, dessen langfristige Relevanz vor dem Hintergrund der demografischen Entwicklung und fehlender Fachkräfte auf dem deutschen Arbeitsmarkt in vielen Unternehmen (noch) unterschätzt wird.

Darüber hinaus begrenzt eine systematische Bearbeitung interner Arbeitsplatzkonflikte unternehmensweit betriebliche Leistungsrisiken, die konfliktbedingt aus einem Motivationsverlust des involvierten Personals und einem Rückgang der Arbeitsproduktivität resultieren.

Nicht zuletzt sind Arbeitsplatzkonflikte mit Loyalitätsverlusten und Compliance-Risiken verknüpft (z. B. Verstößen gegen Verhaltenspflichten oder Vermögensdelikten), die ebenfalls einen strategischen Handlungsbedarf begründen.

Vor dem Hintergrund dieser besonderen Personalrisiken [17] kommt dem Konfliktmanagement im Personalbereich der Unternehmen sowohl strategisch als auch operativ eine hohe Relevanz zu.

Diese Beispiele verdeutlichen erneut die strategischen Erfolgspotenziale der Unternehmen, die durch ein systematisches Konfliktmanagement realisiert werden können – nicht nur in den exemplarisch genannten Funktionsbereichen.

Weitere Potenziale können erschlossen werden, wenn das Konfliktmanagement erfolgreich mit funktionsbereichsübergreifenden Strategiethemen verschränkt wird, wie die Ausführungen in Kap. 6 zeigen.

Literatur

1. Knobloch, T. (2016). Konflikte und Compliance. In B. Makowicz (Hrsg.), *Praxishandbuch Compliance Management Online. Entwicklung und Umsetzung von Systemen zur Regeleinhaltung in Unternehmen und Organisationen im In- und Ausland* (7. Ergänzungslieferung Juni 2016, Kap. 2–75) https://login.reguvis.de/complyplus/. Zugegriffen am 24.10.2024.

2. Macharzina, K., & Wolf, J. (2023). *Unternehmensführung: Das internationale Managementwissen. Konzepte – Methoden – Praxis.* Springer-Gabler.

3. Faller, K., Fechler, B., & Kerntke, W. (Hrsg.). (2014). *Systemisches Konfliktmanagement: Modelle und Methoden für Berater, Mediatoren und Führungskräfte.* Schäffer-Poeschel.

4. PricewaterhouseCoopers/Europa-Universität Viadrina. (Hrsg.). (2013). *Konfliktmanagement als Instrument werteorientierter Unternehmensführung.*

5. Knobloch, T. (2014). Konfliktmanagement in mittelständischen Unternehmen. Über funktionale Basisstrukturen zum effektiven System. *Spektrum der Mediation, 53*, 27–31.

6. Bea, F. X., & Haas, J. (2019). *Strategisches Management.* UTB.

7. Sackmann, S. (2017). *Unternehmenskultur: Erkennen – Entwickeln – Verändern. Erfolgreich durch kulturbewusstes Management.* Springer-Gabler.

8. Schein, E. (2010). *Organisationskultur.* EHP.

9. PricewaterhouseCoopers/Europa-Universität Viadrina. (Hrsg.). (2016). *Konfliktmanagement in der deutschen Wirtschaft. Entwicklungen eines Jahrzehnts.*

10. PricewaterhouseCoopers/Europa-Universität Viadrina. (Hrsg.). (2007). *Praxis des Konfliktmanagements deutscher Unternehmen. Ergebnisse einer qualitativen Folgestudie zu „Commercial Dispute Resolution – Konfliktbearbeitungsverfahren im Vergleich".*

11. PricewaterhouseCoopers/Europa-Universität Viadrina. (Hrsg.). (2011). *Konfliktmanagement. Von den Elementen zum System.*

12. Wulf, D. (2014). Widerstände überwinden. Systematische Darstellung möglicher Vorbehalte gegen die Etablierung von Konfliktmanagement in Unternehmen – und wie man diesen begegnen kann. In U. Gläßer, L. Kirchhoff, & F. Wendenburg (Hrsg.), *Konfliktmanagement in der Wirtschaft. Ansätze, Modelle, Systeme* (S. 189–206). Nomos.

13. Rainer, A., & Reinhold, O. (2017). *Social Customer Relationship Management: Grundlagen, Anwendungen und Technologien.* Springer-Gabler.

14. Kleemann, F. C. (2014). *Supplier Relationship Management im Performance-based Contracting: Anbieter-Lieferanten-Beziehungen in komplexen Leistungsbündeln (Supply Chain Management)*. Springer-Gabler.
15. Hoffmann, P. C., Schiereck, D., & Zerfaß, A. (Hrsg.). (2022). *Handbuch Investor Relations und Finanzkommunikation*. Springer-Gabler.
16. Verfürden, M. (2019, 27. Juni). *Investor Paul Singer. Was der Elliott-Einstieg für Bayer bedeutet. Wirtschaftswoche*. https://www.wiwo.de/unternehmen/industrie/investor-paul-singer-was-der-elliott-einstieg-fuer-bayer-bedeutet/24500614.html. Zugegriffen am 24.10.2024.
17. Kobi, J.-M. (2012). *Personalrisikomanagement: Strategien zur Steigerung des People Value*. Springer-Gabler.

5

Zusammenführung von Konflikt- und Risikomanagementsystemen

Zusammenfassung Die Analyse und Darstellung der Zusammenhänge zwischen dem Konfliktmanagement und dem Risikomanagement der Unternehmen im CMRM-Modell lassen erkennen, dass auch auf der Ebene der Managementsysteme für konfliktgetriebene Unternehmensrisiken ein verzahntes Systemdesign nicht nur erforderlich, sondern auch möglich ist. Bezug nehmend auf die etablierten Systemkonzepte der DIN ISO 31000 (Einrichtungsstandard) und des IDW PS 981 (Prüfungsstandard) für Risikomanagementsysteme einerseits und das praxisnahe VIADRINA-Komponentenmodell als Referenzkonzept für das Konfliktmanagement andererseits zeigt sich, dass vollständige Konfliktmanagementsysteme mit ihren komplementären Funktionalitäten über primäre und sekundäres Systemschnittstellen in das Risikomanagement der Unternehmen mit Performancegewinnen integrierbar sind.

Die bisherigen Ausführungen zeigen, dass bereits grundlegende Basisstrukturen (Ausbaustufe 2 des Konfliktmanagements) dazu beitragen, dass Unternehmen ihre Ziele mit ihren Geschäftspartnern auch tatsächlich erreichen, und eine strategische Verknüpfung von Konflikt- und

© Der/die Autor(en), exklusiv lizenziert an Springer Fachmedien Wiesbaden GmbH, **83**
ein Teil von Springer Nature 2025
T. Knobloch, *Strategisches Konfliktmanagement*,
https://doi.org/10.1007/978-3-658-47671-7_5

Risikomanagement im Unternehmensinteresse aus dem Gebot einer verantwortungsvollen Unternehmensführung (Corporate Governance) resultiert [1].

Im Folgenden geht es darum, die Zusammenhänge mit ihren ökonomischen Konsequenzen auch auf der Ebene der Managementsysteme
aufzuzeigen (Ausbaustufe 3 des Konfliktmanagements) und modellhaft
zusammenzuführen.

5.1 Betrachtung der Zusammenhänge im CMRM-Modell

Zum besseren Verständnis der Argumentation wird die vernachlässigte
Beziehung zwischen dem Risikomanagement und dem Konfliktmanagement der Unternehmen noch einmal im (linearen) CMRM-Modell 2.0
skizziert.[1]

Wie dargelegt, hat sich in der Unternehmenspraxis für die Bewertung
der Risiken ein Konzept etabliert, das in einer Risk-Map den Handlungsbedarf für das Risikomanagement herleitet. Beurteilungskriterien sind
die Eintrittswahrscheinlichkeiten und möglichen Schadenshöhen der
Unternehmensrisiken (Abschn. 3.2).

Für das Konfliktmanagement der Unternehmen lässt sich der Interventionsbedarf analog mit Hilfe einer Conflict-Map analysieren, in der
zur Beurteilung der Unternehmenskonflikte ihr Eskalationsniveau sowie
die Bedeutung der eingebundenen Konfliktparteien für das Erreichen der
Unternehmensziele, d. h. ihre Schadensrelevanz herangezogen werden
(Abschn. 3.3).

Die zweidimensionalen Bewertungskonzepte beider Management-
instrumente zeigt noch einmal Abb. 5.1.

---

[1] Im Unterschied zum „CMRM-Model 1.0" [2] wird im „CMRM-Modell 2.0" [3] – neben dem
Eskalationsniveau der Konflikte – nicht mehr die dysfunktionalen Konfliktkosten [4], sondern die
Relevanz der Konfliktparteien für das Erreichen der Unternehmensziele herangezogen.

Risk-Map (Risikomatrix)   **Conflict-Map (Konfliktmatrix)**

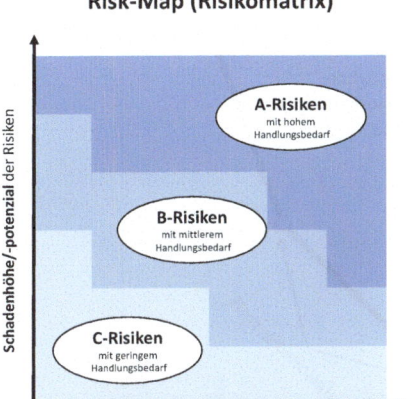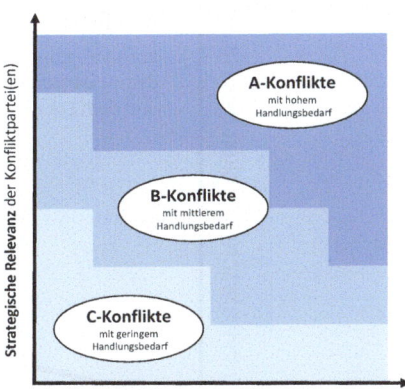

Abb. 5.1   Risk-Map (RM) und Conflict Map (CM)

Im CMRM-Modell[2] erfolgt die Darstellung und Zusammenführung der komplex vernetzten Konflikt- und Risikolandschaften über zwei kausale Korrelationen (Hypothesen), die zunächst zu erläutern sind.

Die erste Korrelation betrifft den Zusammenhang zwischen den Eintrittswahrscheinlichkeiten konfliktabhängiger Unternehmensrisiken und dem Eskalationsniveau der zugehörigen internen und externen Konflikte (Abb. 5.2).

Dabei wird die These aufgestellt, dass die Eintrittswahrscheinlichkeit eines konfliktgetriebenen Einzelrisikos (z. B. die Kündigung eines Mitarbeiters oder der Beginn eines Rechtsstreits mit einem Geschäftspartner) unmittelbar vom Eskalationsniveau des ursächlichen Konflikts bestimmt wird.

Aufgrund der bekannten Eskalationsdynamik [5] der Unternehmenskonflikte wird zudem davon ausgegangen, dass dieser Zusammenhang in Stufen progressiv verläuft und für die Bestimmung der Risikowahrscheinlichkeit natürlich auch konfliktunabhängige Faktoren (z. B. das Verhalten anderer Unternehmen) zu berücksichtigen sind.

---

[2] Die Bezeichnung „CMRM"-Modell resultiert aus der modellierten Verknüpfung von Conflict-Map (CM) und Risk-Map (RM) [2].

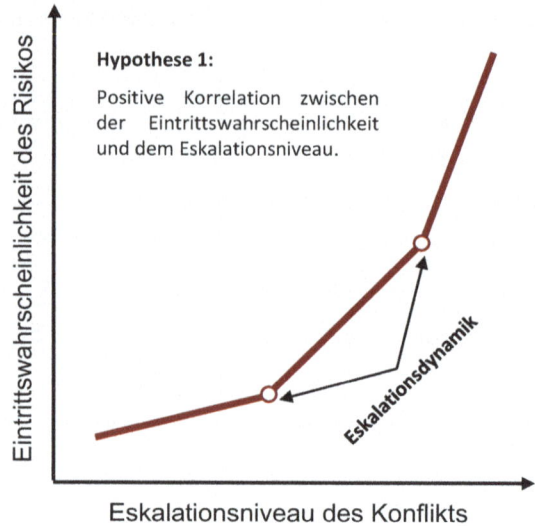

Abb. 5.2 CMRM-Modell: Eintrittswahrscheinlichkeit und Eskalationsniveau

Die zweite Korrelation erfasst im CMRM-Modell 2.0 die Beziehung zwischen den Schadenshöhen konfliktabhängiger Unternehmensrisiken und den Zielbeiträgen der Konfliktparteien, wobei auch hier ein positiver Zusammenhang zugrundgelegt wird (Abb. 5.3).

Das Schadenspotenzial der Unternehmenskonflikte (z. B. eines B2B-Konflikts) hängt maßgeblich vom individuellen Einfluss der Konfliktparteien (z. B. eines Lieferanten) auf das Erreichen der Unternehmensziele (z. B. finanzieller und qualitativer Beschaffungsziele) ab. Entscheidend für diesen Einfluss sind die exklusiven Zielbeiträge der Konfliktparteien (z. B. die Qualitäten und das Beschaffungsvolumen bei einem Lieferanten).

Dabei ist anzumerken, dass die Bedeutung einzelner Geschäftspartner für das Risikomanagement der Unternehmen in vielen Fällen bereits im Rahmen unternehmensinterner Ratings (z. B. eines Lieferantenratings) ermittelt wird.

Für das strategische wie operative Konflikt- und Risikomanagement der Unternehmen führen diese Überlegungen zu einem integrierten

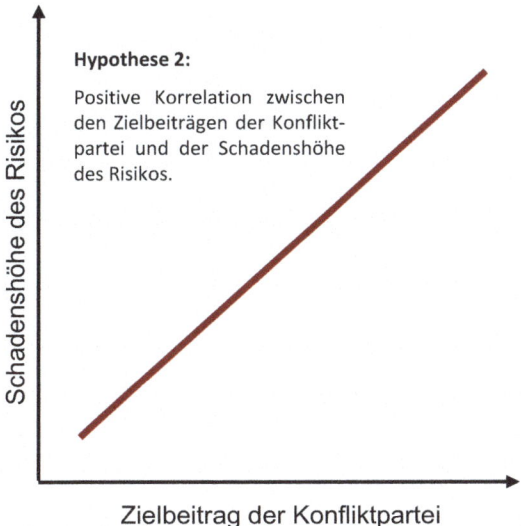

Abb. 5.3 CMRM-Modell: Schadenshöhen und Zielbeiträge

Managementansatz, der mit dem CMRM-Modell in Abb. 5.4 beschrieben und erklärt werden kann.

Die Risk-Map bildet in diesem modellhaften Bewertungs- und Steuerungskonzept vordergründig die konkrete Risikolandschaft der Unternehmen ab. Die Conflict-Map visualisiert die ursächlich im Hintergrund stehende Konfliktlandschaft, die es im Risikomanagement der Unternehmen explizit zu berücksichtigen gilt.

In Abhängigkeit vom Ergebnis der erweiterten Bewertung und Verortung der Unternehmensrisiken im CMRM-Modell zeigt Abb. 5.4 für das Risikomanagement der Unternehmen die Priorisierung der Maßnahmen zur integrierten Konflikt- und Risikosteuerung.

Die operative Konfliktbearbeitung kann dabei sowohl streitbezogen (Deeskalation der Konflikte) als auch schadensbezogen (Reduzierung der Ziel-/Schadensrelevanz) erfolgen. Ein Beispiel für eine schadensbezogene Konfliktbearbeitung im Beschaffungsbereich ist die Erschließung alternativer Bezugsquellen zur Reduzierung der Beschaffungsrisiken, wenn eine exklusive Geschäftsbeziehung (Single Sourcing) mit dem bisherigen Lieferanten durch einen eskalierenden Konflikt gefährdet wird.

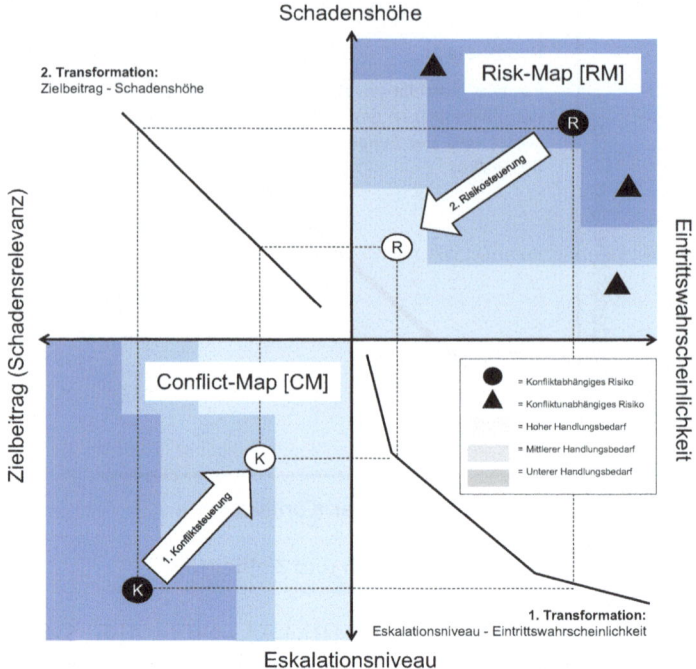

Abb. 5.4 CMRM-Modell eines integrierten Konflikt- und Risikomanagements

Das CMRM-Modell veranschaulicht noch einmal, dass wirksame Konfliktmanagementstrukturen notwendige Bestandteile des strategischen und operativen Risikomanagements der Unternehmen sind und zu einer verantwortungsvollen Corporate Governance insbesondere von Kapitalgesellschaften gehören [6].

Die folgenden Ausführungen knüpfen an diesen modellhaften Erklärungsansatz an und zeigen für das VIADRINA-Komponentenmodell, dass eine strategische Verschränkung oder Integration von Konflikt- und Risikomanagement auch auf der Ebene der Managementsysteme der Unternehmen möglich ist.

5.2 VIADRINA-Komponentenmodell als Referenzkonzeption für Konfliktmanagementsysteme

Das VIADRINA-Komponentenmodell des Konfliktmanagements ist das Ergebnis einer langjährigen Zusammenarbeit von PricewaterhouseCoopers (PwC) und der Europa-Universität Viadrina (EUV) mit den Mitgliedsunternehmen des Round Table Mediation und Konfliktmanagement der deutschen Wirtschaft (RTMKM) und wurde im Rahmen einer gemeinsamen Studienreihe entwickelt und vorgestellt [7].

Im Zentrum dieses Modells stehen sechs Komponenten des Konfliktmanagements mit folgenden Funktionen [8]:

- frühzeitige Erfassung von Unternehmenskonflikten und transparentes Angebot fachkundiger Ansprechpartner in den Konfliktanlaufstellen,
- systematische und kriteriengeleitete Auswahl geeigneter Methoden und Verfahren zur Bearbeitung der Konflikte,
- Sicherstellung der Verfügbarkeit qualifizierter ADR-Spezialisten in den Unternehmen zur Konfliktbearbeitung,
- Gewährleistung eines definierten und transparenten Ablaufs der ADR-Verfahren nach etablierten Standards,
- grundlegende Qualitätssicherung und Weiterentwicklung der systematischen Bearbeitung interner und/oder externer Unternehmenskonflikte sowie
- Innen- und Außenkommunikation zur Steigerung der persönlichen Zugänglichkeit zu den Programmen und Systemen des Konfliktmanagements der Unternehmen.[3]

Hinzu kommt eine siebte Komponente, deren Aufgabe die zentrale Vernetzung und Koordination der funktionalen Komponenten sowie auch eines übergreifenden Controllings ist.

---

[3] Dabei ist anzumerken, dass diese Funktionen originär für das VIADRINA-Komponentenmodell 1.0 [8] beschrieben und hier an das etwas überarbeitete VIADRINA-Komponentenmodell 2.0 [7] angepasst wurden.

Darüber hinaus verlangt das VIADRINA-Komponentenmodell ein normiertes Regelgefüge, das sowohl für die Konfliktintervention als auch zur Konfliktprävention das Zusammenwirken aller beteiligten Akteure sowie auch der Instrumente, Methoden, Verfahren und Prozesse vorgibt.

Als letzte Bestandteile sind die Integration des Konfliktmanagements in das visionäre Leitbild der Unternehmen sowie die nach innen und außen getragene Unternehmenskultur zu nennen [8], sodass das VIADRINA-Komponentenmodell zusammenfassend mit Abb. 5.5 dargestellt wird.

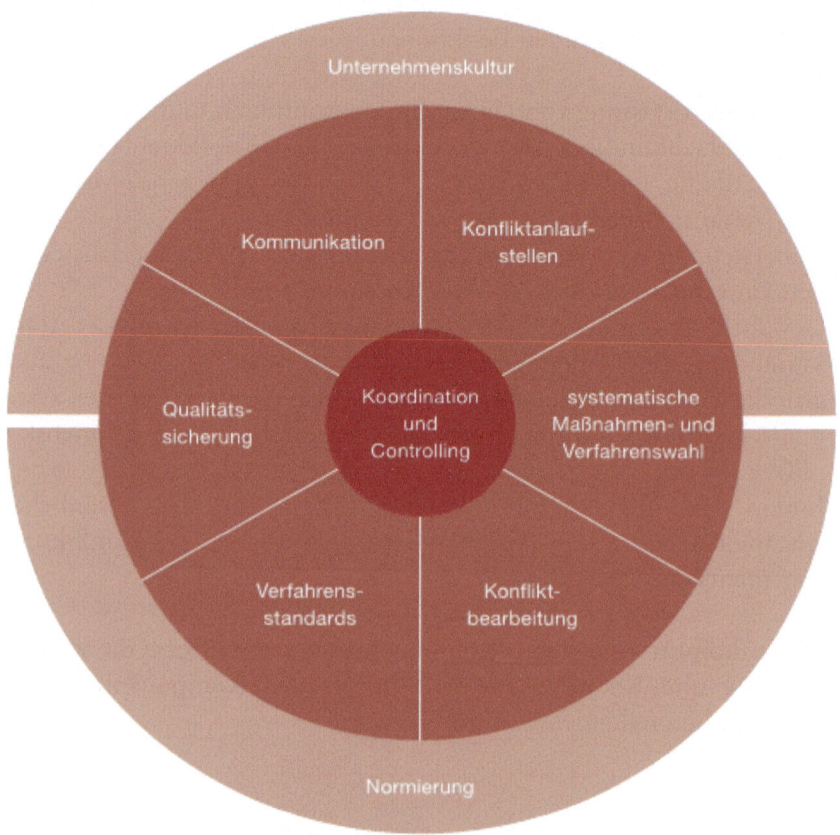

Abb. 5.5   Konzeption des VIADRINA-Komponentenmodells [7]

Nach dem Verständnis der PwC/EUV-Studienreihe zum Konfliktmanagement in deutschen Unternehmen [7] liegt ein Konfliktmanagementsystem erst dann vor, wenn sämtliche Systemkomponenten des Viadrina-Komponentenmodells oder anderer Systemmodelle erfolgreich umgesetzt sind (Abschn. 4.1).

Da das Komponentenmodell mit wissenschaftlicher Begleitung aus der Praxis für die Praxis entwickelt wurde, liegt es als Referenzkonzeption auch den folgenden Ausführungen zugrunde, die sich im Kontext verantwortungsvoller Corporate Governance nun mit einer Verschränkung der Konflikt- und Risikomanagementsysteme befassen.

5.3 Schnittstellenanalyse zu den Systemen des Risikomanagements

5.3.1 Grundkomponenten standardisierter Risikomanagementsysteme

Um die Schnittstellen zwischen dem Konfliktmanagement und dem Risikomanagement der Unternehmen auf der Systemebene analysieren zu können, sind zunächst die funktionalen Komponenten/Elemente standardisierter Risikomanagementsysteme darzustellen. Als Referenzkonzeption wird dabei auf die „DIN ISO-Norm 31000:2018 Risikomanagement – Leitlinien" des Deutschen Instituts für Normung zurückgegriffen, die als Einrichtungsstandard für Risikomanagementsysteme in Organisationen entwickelt wurde [9].

Nach der DIN ISO 31000:2018 stehen die Beurteilung sowie die Behandlung der Risiken im Zentrum der Risikomanagementprozesse, wobei für die Risikobeurteilung noch einmal die Prozessschritte Risikoidentifikation, Risikoanalyse und Risikobewertung unterschieden werden.

Der Prozess des Risikomanagements sollte darüber hinaus in die Kommunikation mit allen relevanten Stakeholdern eingebunden sein, damit insbesondere deren Fachkenntnisse in jedem Prozessschritt verfügbar sind und hinreichende Informationen vorliegen, um ein wirksames Risikomanagement zu ermöglichen.

Den letzten Bestandteil des Risikomanagementprozesses bildet die Überwachung und Überprüfung aller Prozessphasen, damit Qualität und Wirksamkeit des Risikomanagements gewährleistet sind und kontinuierlich verbessert werden [9].

In Übereinstimmung mit der DIN ISO 31000:2018 zum Risikomanagement von Organisationen kann der Prozess des Risikomanagement für Unternehmen mit Abb. 5.6 dargestellt werden.

Die in Abb. 5.6 skizzierten Prozessschritte des Risikomanagements sind nach dieser DIN ISO-Norm in den Risikomanagementsystemen der Unternehmen vollumfänglich durch entsprechende Komponenten abzubilden.

Im IDW PS 981 zur Prüfung von Risikomanagementsystemen werden diese Systemkomponenten auch als Grundelemente der Systeme beschrieben [10], sodass sie – Bezug nehmend auf beide Standards – die funktionalen „Standard"-Schnittstellen zur Verschränkung bzw. Integration des Konfliktmanagements in das Risikomanagement der Unternehmen bilden.

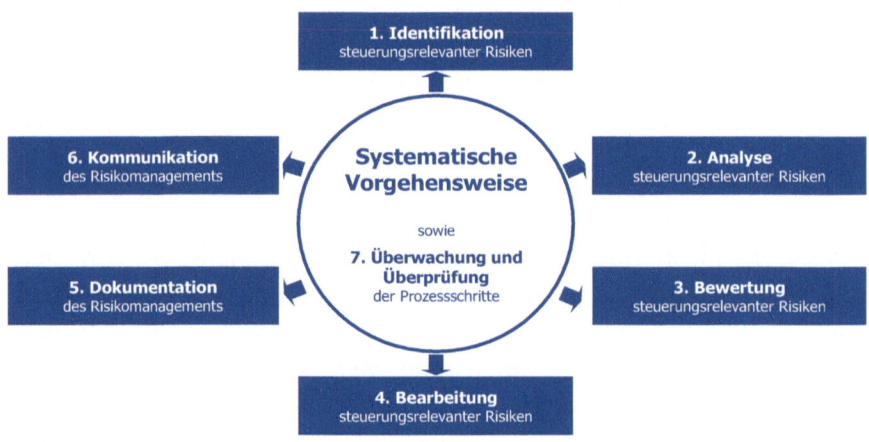

Abb. 5.6 Prozessschritte (Komponenten) des Risikomanagements in Unternehmen

5.3.2 Funktionale Verschränkung von Konflikt- und Risikomanagementsystemen

Die Möglichkeit einer Verzahnung oder sogar vollständigen Zusammenführung von Konflikt- und Risikomanagementsystemen im Risikomanagement der Unternehmen soll im Folgenden ohne einen Verzicht auf zentrale Systemfunktionalitäten und Qualitätsanforderungen skizziert werden.

Primäre Integrationsschnittstellen
Auf der Aggregationsebene der Standardkomponenten der Konflikt- und Risikomanagementsysteme ergeben sich primäre Integrationsschnittstellen aus nahezu funktionsgleichen Komponenten oder deren Verknüpfungen zum Umgang mit konfliktabhängigen Unternehmensrisiken.

Ein erstes Beispiel hierfür sind Konfliktanlaufstellen, deren Aufgabe im Konfliktmanagement die frühzeitige Identifikation und Erfassung interventionsrelevanter Unternehmenskonflikte ist. Die frühzeitige Identifikation und Erfassung steuerungsrelevanter Unternehmensrisiken ist ebenfalls ein elementarer Prozessschritt im Risikomanagement, sodass die Komponenten in beiden Managementsystemen für die Konflikte/Risiken identische Funktionen erfüllen.

Weitere Beispiele für primäre Schnittstellen zur Verschränkung von Konflikt- und Risikomanagementsystemen sind die (risikoreduzierende) Konfliktbearbeitung durch qualifiziertes Personal oder die Innen- und Außenkommunikation zum (risikoreduzierenden) Konfliktmanagement, die funktionsgleich im Prozess des Risikomanagements im Rahmen einer Risikosteuerung der Unternehmen oder der notwendigen Kommunikation zum Risikomanagement erfolgt.

Sekundäre Integrationsschnittstellen
Sofern eine Verzahnung oder Zusammenführung der Konflikt- und Risikomanagementfunktionen im Risikomanagement der Unternehmen nicht bereits über primäre Integrationsschnittstellen gelingt, können ergänzend sekundäre Schnittstellen ohne parallele Funktionalitäten der

Komponenten genutzt werden, um eine möglichst weitgehende Verschränkung der Konflikt- und Risikomanagementsysteme zu erreichen.

Anschauliche Beispiele für sekundäre Integrationsschnittstellen sind auf der Seite des Konfliktmanagements die systematische und kriteriengeleitete Methoden- und Verfahrenswahl für die Konfliktbearbeitung oder die Entwicklung einer funktionalen Konfliktkultur genannt werden.

Diese VIADRINA-Systemkomponenten können im ersten Fall durch eine Verankerung der Methoden- und Verfahrenswahl in den verbindlichen Dokumentationen des Risikomanagements (Risikomanagementhandbücher) integriert werden und sind im zweiten Fall über die Unternehmenskultur bezüglich des Umgangs Unternehmensrisiken aufzufangen, die sowohl in der DIN ISO 32000:2018 [9] als auch im IDW PS 981 [10] als übergeordnete Systemkomponente erfasst wird.

Wie eine Verschränkung oder Zusammenführung von strategischem wie operativem Konflikt- und Risikomanagement auf der Ebene der Managementsysteme der Unternehmen konkret zu realisieren ist, muss im Detail für jede einzelne Systemkomponente unter Berücksichtigung der individuellen Unternehmenssituation sowie der vorgegebenen Unternehmensziele erarbeitet werden. Über welche Schnittstellen dieses erfolgen kann, zeigt exemplarisch Abb. 5.7.

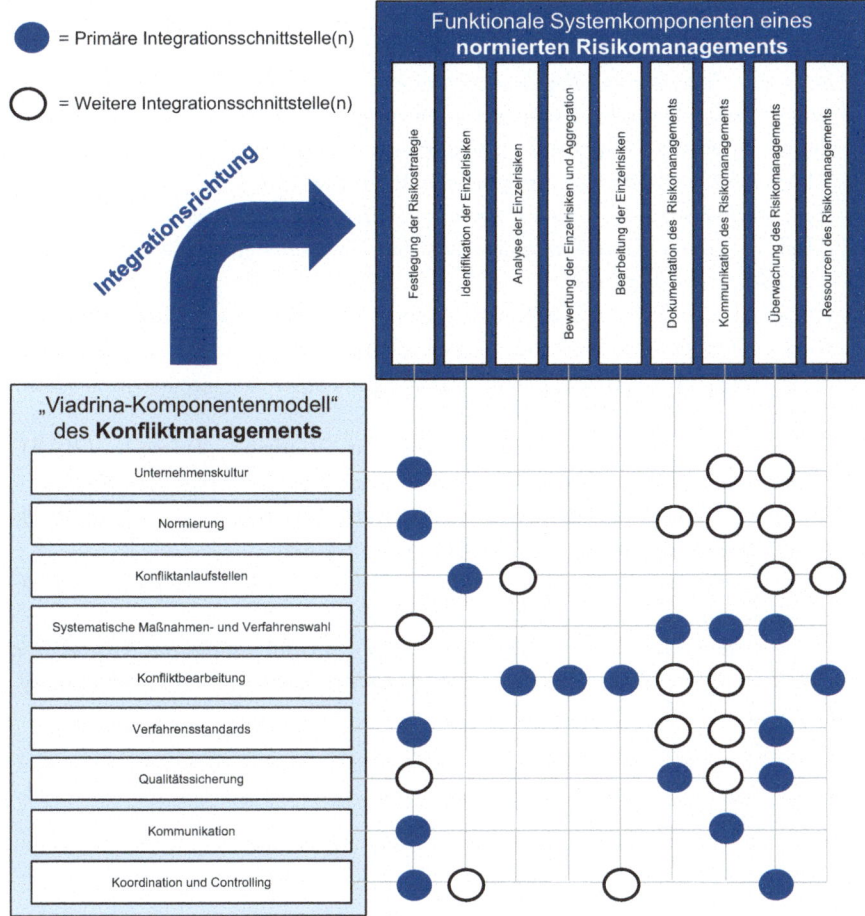

Abb. 5.7 Integrationsschnittstellen von Konflikt- und Risikomanagementsystemen

Literatur

1. Regierungskommission Deutscher Corporate Governance Kodex. (2022). *Deutscher Corporate Governance Kodex.* https://www.dcgk.de/de/kodex. html. Zugegriffen am 24.10.2024.
2. Knobloch, T. (2012). Integration von Konflikt- und Risikomanagement (CMRM-Modell) – Eine betriebswirtschaftliche Herausforderung für Unternehmen. *Konfliktdynamik, 1*(3), 224–232.

3. Knobloch, T. (2016). Konflikte und Compliance. In B. Makowicz (Hrsg.), *Praxishandbuch Compliance Management Online. Entwicklung und Umsetzung von Systemen zur Regeleinhaltung in Unternehmen und Organisationen im In- und Ausland* (7. Ergänzungslieferung Juni 2016, Kap. 2–75) https://login.reguvis.de/complyplus/. Zugegriffen am 24.10.2024.

4. KPMG Wirtschaftsprüfungsgesellschaft. (Hrsg.). (2009). *Konfliktkostenstudie. Die Kosten von Reibungsverlusten in Industrieunternehmen.*

5. Glasl, F. (2020). *Konfliktmanagement. Ein Handbuch für Führung, Beratung und Mediation.* Haupt.

6. Knobloch, T. (2014). Konfliktmanagement als integraler Bestandteil des Risikomanagements von Kapitalgesellschaften. In U. Gläßer, L. Kirchhoff, & F. Wendenburg (Hrsg.), *Konfliktmanagement in der Wirtschaft. Ansätze, Modelle, Systeme* (S. 375–393). Nomos.

7. PricewaterhouseCoopers/Europa-Universität Viadrina. (Hrsg.). (2013). *Konfliktmanagement als Instrument werteorientierter Unternehmensführung.*

8. PricewaterhouseCoopers/Europa-Universität Viadrina. (Hrsg.). (2011). *Konfliktmanagement. Von den Elementen zum System.*

9. DIN Deutsches Institut für Normung e.V. (2018). *DIN ISO 31000 Risikomanagement – Leitlinien (ISO 31000:2018).* Beuth.

10. Institut der Wirtschaftsprüfer. (2017). *IDW Prüfungsstandard: Grundsätze ordnungsmäßiger Prüfung von Risikomanagementsystemen (IDW PS 981).* IDW.

6

Aktuelle Strategiethemen für ein integriertes Konfliktmanagement

Zusammenfassung Um den gesellschaftlichen Erwartungen und Entwicklungen verantwortungsvoll zu begegnen und Unternehmen möglichst zukunftsfest aufzustellen, stehen gegenwärtig die Themen Nachhaltigkeit, Compliance und New Work im besonderen Fokus der Unternehmensführung. In diesem Kapitel wird gezeigt, dass ein strategisch verschränktes Konfliktmanagement effektiv dazu beitragen kann, sowohl die Nachhaltigkeitsperformance der Unternehmen als auch ihre Compliance-Performance belastbar zu optimieren. Anknüpfungspunkte sind dabei konkrete ESG-Themen im Bereich der Nachhaltigkeitspolitik von Kapitalgesellschaften sowie der Umgang mit Konflikten und Fehlern als prägende Determinante der Compliance-Kultur. Beim Thema „New Work" führt eine Einbindung des Konfliktmanagements in die New Work-Strategien der Unternehmen zu einer wirkungsvollen Reduzierung strategischer Personalrisiken im „war for talents".

© Der/die Autor(en), exklusiv lizenziert an Springer Fachmedien Wiesbaden GmbH, ein Teil von Springer Nature 2025
T. Knobloch, *Strategisches Konfliktmanagement*,
https://doi.org/10.1007/978-3-658-47671-7_6

6.1 Konfliktmanagement und Nachhaltigkeitsrisiken in Unternehmen

6.1.1 Konfliktmanagement und Nachhaltigkeit – Strategischer Kontext und Zusammenhänge für Unternehmen

Gesellschaftliche Unternehmensverantwortung im Deutschen Corporate Governance Kodex

In der Präambel des Deutschen Corporate Governance Kodex (DCGK) wird die Corporate Social Responsability (CSR) als gesellschaftliche Verantwortung der Unternehmen besonders betont und mit der letzten Überarbeitung 2022 nachjustiert, weil

„in der Zwischenzeit die Erwartungen an die Berücksichtigung von Nachhaltigkeitsfaktoren bei der Unternehmensführung wesentlich konkreter geworden sind." [1]

Zu den Themen Unternehmensverantwortung und Nachhaltigkeit der (börsennotierten) Kapitalgesellschaften ist in der Präambel des DCGK nunmehr ausdrücklich festgehalten:

„Die Gesellschaft und ihre Organe haben sich in ihrem Handeln der Rolle des Unternehmens in der Gesellschaft und ihrer gesellschaftlichen Verantwortung bewusst zu sein. Sozial- und Umweltfaktoren beeinflussen den Unternehmenserfolg und die Tätigkeiten des Unternehmens haben Auswirkungen auf Mensch und Umwelt. Vorstand und Aufsichtsrat berücksichtigen dies bei der Führung und Überwachung im Rahmen des Unternehmensinteresses." [2]

Zu beachten sind dabei die politischen Rahmensetzungen, die in der Europäischen Union zu einem komplexen Normengefüge mit konkreten Handlungsfeldern für das Nachhaltigkeitsmanagement der Unternehmen führen.

Für die Überlegungen zur strategischen Verschränkung des Konfliktmanagements mit der Nachhaltigkeitspolitik der Unternehmen sind sowohl die gesellschaftlichen Erwartungen als auch die rechtlichen Rahmensetzungen der EU von Bedeutung.

Aktionsplan der Europäischen Kommission zur Finanzierung nachhaltigen Wachstums

Nachdem sich weltweit viele Regierungen mehr oder weniger verbindlich dazu verpflichtet haben, für die globale Wirtschaft zukünftig einen nachhaltigeren Weg zu beschreiten, wurde die Europäische Kommission tätig und legte 2018 eine „Aktionsplan: Finanzierung nachhaltigen Wachstums (Sustainable Finance)" vor [3]. Im Zentrum dieses Plans steht die Förderung von nachhaltigen Investitionen zur Erreichung der Ziele des Pariser Klimaschutzabkommens, d. h.

- eine Verlagerung von Kapitalflüssen hin zu nachhaltigeren Wirtschaftstätigkeiten in der Europäischen Union,
- eine Einbettung der Nachhaltigkeitsperformance der Unternehmen sowie ihres Umgangs mit Nachhaltigkeitsrisiken in Marktanalysen und Unternehmensratings sowie
- eine Förderung von Transparenz und Langfristigkeit der Nachhaltigkeitspolitik der Unternehmen durch Offenlegungspflichten im Finanzsektor sowie Berichtspflichten zu Nachhaltigkeitsrisiken im Rahmen der handelsrechtlichen Rechnungslegung.

Zu diesen Themen wird explizit angemerkt, dass ein unangemessenes kurzfristiges Denken notwendige strategische Unternehmensentscheidungen behindern kann:

„Die Unternehmensführung kann wesentlich zu einer nachhaltigeren Wirtschaft beitragen, die es den Unternehmen ermöglicht, die strategischen Maßnahmen zu ergreifen, die notwendig sind, um neue Technologien zu entwickeln, die Geschäftsmodelle zu stärken und die Leistungsfähigkeit zu verbessern. Dadurch würden wiederum ihre Risikomanagementpraxis und ihre Wettbewerbsfähigkeit verbessert, Arbeitsplätze geschaffen und Innovationen vorangetrieben. Zahlreiche Unternehmen verfügen über diesbezügliche Unternehmensführungsstrategien, die sich allerdings nicht immer leicht vergleichen lassen.

Trotz der Anstrengungen mehrerer europäischer Unternehmen könnte ein unangemessener, kurzfristiger Marktdruck eine Verlängerung des Zeithorizonts bei Unternehmensentscheidungen erschweren. Die Unternehmensführung könnte sich zu sehr auf kurzfristige finanzielle Renditen konzentrieren und die Möglichkeiten und Risiken ignorieren, die aus umweltrelevanten und sozialen Nachhaltigkeitserwägungen erwachsen.

Folglich könnten die Wechselwirkungen zwischen dem Kapitalmarktdruck und den Anreizen für Unternehmen langfristig zu einer unnötigen Exponierung gegenüber Nachhaltigkeitsrisiken führen." [3]

„European Green Deal" der Europäischen Kommission
Anknüpfend an ihren Aktionsplan stellte die EU-Kommission 2019 unter der Bezeichnung „European Green Deal" eine neue Wachstumsstrategie vor, mit der die Europäische Union zu einer fairen und wohlhabenden Gesellschaft mit einer modernen, ressourceneffizienten und wettbewerbsfähigen europäischen Wirtschaft werden soll. Zur Unternehmensführung wird auch im „European Green Deal"-Konzept ausgeführt:

„Nachhaltigkeit sollte stärker in den Corporate-Governance-Rahmen integriert werden, da sich zahlreiche Unternehmen noch immer zu stark auf kurzfristigen finanziellen Ertrag anstelle ihrer langfristigen Entwicklung und von Nachhaltigkeitsaspekten konzentrieren." [4]

Darüber hinaus wird festgehalten, dass in den komplex verknüpften Politikbereichen zur Umgestaltung der europäischen Wirtschaft auch Konflikte zwischen wirtschaftlichen, ökologischen und sozialen Zielen möglich sind und berücksichtigt werden sollten [4], sodass bereits im „European Green Deal" der EU-Kommission das Konfliktmanagement unterschiedlicher Stakeholder-Interessen angesprochen wird.

EU-Offenlegungsverordnung
Die EU-Offenlegungsverordnung bezieht sich gleichermaßen auf den „Aktionsplan: Finanzierung nachhaltigen Wachstums" der Europäischen Kommission und verfolgt das gesellschaftliche Ziel, Finanz- und Kapitalflüsse in nachhaltige Anlagen und Wirtschaftstätigkeiten zu lenken [5].

Zu diesem Zweck haben die in der Verordnung angesprochenen Finanzdienstleister (Finanzberater und Finanzmarktteilnehmer) ihre Kunden (Endanleger/Auftraggeber) unter anderem darüber zu informieren, wie sie Nachhaltigkeitsrisiken strategisch in ihre Investitionsentscheidungen einbeziehen und bei ihrer Beratung über die Nachhaltigkeit von Finanzprodukten berücksichtigen. Diesbezüglich wird ausgeführt:

> „Ziel dieser Verordnung ist es, Informationsasymmetrien in den Beziehungen zwischen Auftraggebern und Auftragnehmern im Hinblick auf die Einbeziehung von Nachhaltigkeitsrisiken, die Berücksichtigung nachteiliger Nachhaltigkeitsauswirkungen, die Bewerbung ökologischer oder sozialer Merkmale sowie im Hinblick auf nachhaltige Investitionen dadurch abzubauen, dass Finanzmarktteilnehmer und Finanzberater zu vorvertraglichen Informationen und laufenden Offenlegungen gegenüber Endanlegern verpflichtet werden, wenn sie als Auftragnehmer im Namen der dieser Endanleger (Auftraggeber) handeln." [5]

Führt die Bewertung der Finanzprodukte durch die Finanzdienstleister dazu, dass für ein Produkt relevante Nachhaltigkeitsrisiken vorliegen, soll offengelegt werden, in welchem Ausmaß die identifizieren Nachhaltigkeitsrisiken die Wertentwicklung des Finanzprodukts beeinflussen können [5].

EU-Richtlinie zur Nachhaltigkeitsberichterstattung von Unternehmen
Anknüpfend an den „European Green Deal" der Europäische Kommission werden zur weiteren Umsetzung des Aktionsplans "Sustainable Finance" auf der Seite der Unternehmen der Anwendungsbereich sowie der Umfang der Nachhaltigkeitsberichterstattung deutlich erweitert [6].
In der EU-Richtlinie vom 14. Dezember 2022 zur Nachhaltigkeitsberichterstattung von Unternehmen (Corporate Sustainability Reporting Directive) ist zu den Erwägungsgründen dieser Rahmensetzung zu lesen:

> „Wenn Unternehmen eine bessere Nachhaltigkeitsberichterstattung durchführen würden, würde dies letztendlich Bürgerinnen und Bürgern und Sparern, einschließlich Gewerkschaften und Arbeitnehmervertretern, zu-

gutekommen, indem sie angemessen informiert wären und sich so besser in den sozialen Dialog einbringen könnten. Sparer, die nachhaltig investieren wollen, werden fortan die Möglichkeit haben, dies zu tun, während von einem stabilen, nachhaltigen und inklusiven Wirtschaftssystem alle Bürgerinnen und Bürger profitieren würden.

Damit sich diese Vorteile auch verwirklichen, müssen die in den Jahresberichten der Unternehmen offengelegten Nachhaltigkeitsinformationen zunächst zwei Hauptnutzergruppen erreichen. Bei der ersten Gruppe von Nutzern handelt es sich um Anleger, einschließlich Vermögensverwalter, die die Risiken und Chancen von Nachhaltigkeitsfragen für ihre Investitionen sowie die Auswirkungen entsprechender Investitionen auf Mensch und Umwelt besser verstehen wollen. Bei der zweiten Gruppe handelt es sich um Akteure der Zivilgesellschaft, einschließlich Nichtregierungsorganisationen und Sozialpartner, die Unternehmen im Hinblick auf ihre Auswirkungen auf Mensch und Umwelt stärker in die Verantwortung nehmen wollen." [6]

Mit dem CSRD-Umsetzungsgesetz wird der Nachhaltigkeitsbericht als solcher zum Bestandteil der handelsrechtlichen Lageberichterstattung von Kapitalgesellschaften. Nach dem neu gefassten § 289c HGB enthält dieser Bericht zukünftig

- Angaben, die für das Verständnis der Auswirkungen der Tätigkeiten der Kapitalgesellschaft auf Nachhaltigkeitsaspekte erforderlich sind (Inside-out-Perspektive), sowie
- Angaben, die für das Verständnis der Auswirkungen von Nachhaltigkeitsaspekten auf den Geschäftsverlauf, das Geschäftsergebnis und die Lage der Kapitalgesellschaft notwendig werden (Outside-in-Perspektive).

Darüber hinaus verlangt die Rechnungslegungsnorm für berichtspflichtige Kapitalgesellschaften sowohl eine Beschreibung der zeitgebundenen Nachhaltigkeitsziele als auch ihrer Nachhaltigkeitspolitik.

Vor diesem Hintergrund stehen zunächst einmal kapitalmarktorientierte Unternehmen aktuell vor der strategischen Herausforderung, ihre Nachhaltigkeitspolitik an die geänderten gesellschaftlichen und

rechtlichen Rahmenbedingungen anzupassen und für eine zukunfts-
fähige Nachhaltigkeitsperformance zu sorgen.

Tatsächlich wird sich jedoch kaum ein Unternehmen dieser Herausforderung entziehen können, wie die anhaltende Diskussion zur sozialen
Unternehmensverantwortung im Allgemeinen und die Nachhaltigkeits-
diskussion in mittelständischen und nicht-kapitalmarktorientierten
Unternehmen im Besonderen zeigen.

Der umrissene europarechtliche Kontext bestimmt maßgeblich die
strategischen Handlungsfelder für die Nachhaltigkeitspolitik der Unternehmen. Eine Verschränkung dieser Handlungsfelder mit dem Konfliktmanagement der Unternehmen ist Gegenstand der folgenden Ausführungen.

6.1.2 Nachhaltigkeit – Strategische Handlungsfelder und Konfliktmanagement

ESRS-Relevanz zur Identifikation konkreter Handlungsfelder für die Unternehmensführung
Konkrete strategische Handlungsfelder für das Nachhaltigkeits-
management der Unternehmen lassen sich aus den Nachhaltigkeitsthemen der normierten EU-Nachhaltigkeitsberichterstattung ableiten,
die sämtliche berichtsrelevanten Nachhaltigkeitsaspekte erfassen [7].

Die europäischen Standards für die Nachhaltigkeitsberichterstattung
(European Sustainability Reporting Standards – kurz: ESRS) legen fest,
welche wesentlichen Auswirkungen, Risiken und Chancen in Bezug auf
Nachhaltigkeitsaspekte von den Unternehmen in den sogenannten
„ESG"-Segmenten „Environment" (Umwelt), „Social" (Soziales) und
„Governance" (Unternehmensführung) des Nachhaltigkeitsberichts an-
zugeben sind.

In der ESRS-Verordnung [7] wird zwischen generellen Standards,
themenbezogenen Standards und sektorspezifischen Standards unterschieden, sodass die Struktur der European Sustainability Reporting
Standards mit Abb. 6.1 skizziert werden kann.

Für die Ausrichtung der Unternehmenspolitik und zur Identifikation
konkreter Handlungsfelder sind die themenbezogenen ESG-Standards

Handelsrechtlicher Nachhaltigkeitsbericht kapitalmarktorientierter Unternehmen (§§ 289 – 289e HGB)		
EU-Verordnung 2023/2772 vom 31. Juli 2023 zu den Standards der Nachhaltigkeitsberichterstattung (ESRS)		
Generelle Standards (Allgemein Anforderungen und Angaben zu Strategie, Auswirkungen, Parameter, Ziele)	**Themenbezogene ESG-Standards** Environment (E) Social (S) Governance (G)	Sektorspezifische Standards (z.B. für Landwirtschaft, Öl und Gas, Transportwesen)

Abb. 6.1   Struktur der European Sustainability Reporting Standards (ESRS)

von zentraler Bedeutung, da sie sämtliche Nachhaltigkeitsthemen und Nachhaltigkeitsaspekte für die handelsrechtliche Lageberichterstattung erfassen.

Welche Themen und Aspekte von den Unternehmen tatsächlich berichtspflichtig sind, wird dabei nach dem Prinzip der doppelten Wesentlichkeit entschieden. In Übereinstimmung mit § 289c HGB werden als Bewertungskriterien die Wesentlichkeit der Auswirkungen der Tätigkeiten der Unternehmen auf die Umwelt sowie die finanzielle Wesentlichkeit der Nachhaltigkeitsaspekte für das Unternehmen herangezogen.

Ein Nachhaltigkeitsaspekt erfüllt dann für die Berichtspflicht die Kriterien der doppelten Wesentlichkeit, wenn er entweder aus der Inside-out-Perspektive und/oder der Outside-in-Perspektive wesentlich ist [7].

Dieses Wesentlichkeitskonzept der European Sustainability Reporting Standards führt nicht nur zu weiteren berichtspflichtigen Aspekten im handelsrechtlichen Lagebericht, sondern primär zu konkreten Handlungsfeldern einer verantwortungsvollen Corporate Governance der Unternehmen, über deren Nachhaltigkeit und Nachhaltigkeitsrisiken die Öffentlichkeit zu informieren ist.

Maßgeblich für die Nachhaltigkeitspolitik der Unternehmen sind die Ziele und Positionierungen bezüglich ihrer gesellschaftlichen Unternehmensverantwortung, verknüpft mit den Erwartungen der Stakeholder sowie finanzwirtschaftlichen Kapitalmarktinteressen.

Umwelt (Environment) – Strategische Handlungsfelder und Konfliktmanagement

Die ESRS-Umweltstandards decken thematisch den Klimawandel (ESRS E1), die Umweltverschmutzung (ESRS E2), die Wasser- und Meeresressourcen (ESRS E3), die Biologische Vielfalt und Ökosysteme (ESRS E4) sowie die Ressourcennutzung und Kreislaufwirtschaft (ESRS E5) ab. Für die in den Umwelt-Standards angesprochenen Nachhaltigkeitsaspekte (z. B. Luftverschmutzung, Wasserverschmutzung, Bodenverschmutzung, Verschmutzung von lebenden Organismen und Nahrungsressourcen, besorgniserregende Stoffe sowie Mikroplastik in ESRS E2 zum Thema Umweltverschmutzung) ist davon auszugehen, dass es keinen direkten Zusammenhang zwischen der Nachhaltigkeitsperformance der Unternehmen (z. B. bezüglich der Mikroplastik-Thematik) und einer erfolgreichen Konfliktbearbeitung gibt.

Für die nachhaltige Umweltpolitik der Unternehmen gibt es unter dieser Annahme auch keine Handlungsbereiche, in denen eine strategische Verschränkung mit dem Konfliktmanagement umweltpolitisch zielführend ist.

Zwar gibt es in vielen Unternehmen interne oder externe Konflikte über die konkreten Ziele und Maßnahmen ihrer Nachhaltigkeitspolitik (z. B. bezüglich des Klimawandels, der Umweltverschmutzung oder der Kreislaufwirtschaft), jedoch ist das Management dieser Unternehmenskonflikte dem Bereich der Unternehmensführung (Governance) zuzuordnen und nicht im Umwelt-Segment (Environment) zu verorten.

Soziales (Social) – Strategische Handlungsfelder und Konfliktmanagement

Die Sozialstandards für die Nachhaltigkeitsberichterstattung beziehen sich auf die eigene Belegschaft (ESRS S1), Arbeitskräfte in der Wertschöpfungskette (ESRS S2), betroffene Gemeinschaften (ESRS S3) sowie Verbraucher und Endnutzer (ESRS S4) und enthalten durchgängig Nachhaltigkeitsaspekte, bei denen ein erfolgreiches Management themenbezogener Konflikte die Nachhaltigkeitsperformance der Unternehmen signifikant optimieren kann.

Für welche Nachhaltigkeitsthemen und Nachhaltigkeitsaspekte eine strategische Relevanz des Konfliktmanagements bezüglich sozialer Nachhaltigkeitsrisiken gegeben ist, zeigt Tab. 6.1.

Zu den einzelnen Nachhaltigkeitsaspekten treffen in den Unternehmen durchgängig gegensätzliche Stakeholder-Interessen aufeinander, so-

Tab. 6.1 Nachhaltigkeitsthemen und Nachhaltigkeitsaspekte mit ESRS-spezifischen Konfliktrisiken

Themenspezifischer ESRS-Standard	Nachhaltigkeitsaspekte mit Konfliktrisiken
Eigene Belegschaft (ESRS S1)	Arbeitsbedingungen (z. B. Arbeitszeit und angemessene Entlohnung) Gleichbehandlung und Chancengleichheit für alle (z. B. Gleichstellung der Geschlechter und gleicher Lohn für gleiche Arbeit sowie Maßnahmen gegen Gewalt und Belästigung am Arbeitsplatz)
Arbeitskräfte in der Wertschöpfungskette (ESRS S2)	Arbeitsbedingungen (z. B. Vereinigungsfreiheit, einschließlich der Existenz von Betriebsräten, sowie Vereinbarkeit von Berufs- und Privatleben) Sonstige arbeitsbezogene Rechte (z. B. Kinderarbeit und angemessene Unterbringung)
Betroffene Gemeinschaften (ESRS S3)	Bürgerrechte und politische Rechte von Gemeinschaften (z. B. Meinungsfreiheit und Versammlungsfreiheit) Rechte indigener Völker (z. B. Selbstbestimmung und Kulturelle Rechte)
Verbraucher und Endnutzer (ESRS S4)	Informationsbezogene Auswirkungen für Verbraucher und/oder Endnutzer (z. B. Datenschutz und Zugang zu hochwertigen Informationen) Soziale Inklusion von Verbrauchern und/oder Endnutzern (z. B. Nichtdiskriminierung und verantwortliche Vermarktungspraktiken)

dass eine optimale Nachhaltigkeitspolitik stets ein erfolgreiches Konflikt- und Interessenmanagement beinhaltet.

Für die mit Tab. 6.1 verknüpften Handlungsfelder (ESRS-S-Themen) wird das strategische Potenzial des Konfliktmanagements von den Unternehmen zunehmend erkannt und auch wissenschaftlich diskutiert, wie ein Blick in die aktuelle Fachliteratur für den Aspekt der sexuellen Belästigung am Arbeitsplatz [8] zeigt.

Unternehmensführung (Governance) – Strategische Handlungsfelder und Konfliktmanagement
Der Governance-Standard (ESRS G1) der European Sustainability Reporting Standards bezieht sich auf die Unternehmensführung und the-

matisiert in diesem Berichtssegment die Nachhaltigkeit der Unternehmen unter den Aspekten

- Unternehmenskultur,
- Schutz von Hinweisgebern (Whistleblowers),
- Tierschutz,
- Politisches Engagement und Lobbytätigkeiten,
- Management der Beziehungen zu Lieferanten, einschließlich Zahlungspraktiken, sowie
- Korruption und Bestechung.

Auch diese Themen sind regelmäßig mit Konflikten verbunden (z. B. hinsichtlich des Tierschutzes, der Lobbytätigkeit der Unternehmen oder Korruption und Bestechung in der Wirtschaft), die nicht nur im privaten und öffentlichen Raum ausgetragen werden, sondern auch in den Unternehmen präsent sind.

Als Unternehmenskonflikte beeinflussen diese Konflikte maßgeblich die Corporate Governance-Performance der Unternehmen, sodass sie im Rahmen einer nachhaltigen und verantwortungsvollen Unternehmensführung ebenfalls strategisch in den Blick zu nehmen sind.

Besonders deutlich wird der Zusammenhang zwischen der Nachhaltigkeitsperformance der Unternehmen und dem Konfliktmanagement für die ESRS-Themen „Unternehmenskultur" sowie „Korruption und Bestechung". Vom Institut der Wirtschaftsprüfer (IDW) wird zu diesen miteinander verknüpften Handlungsfeldern ausgeführt, dass der Umgang mit internen und externen Konflikten die Compliance-Performance der Unternehmen maßgeblich determiniert (Abschn. 6.2).

Nachhaltigkeitspolitik und Konfliktmanagement in Unternehmen
Die langfristigen Finanz- und Kapitalmarktinteressen der Unternehmen, die zunehmenden Erwartungen in allen Stakeholder-Gruppen zur Übernahme gesellschaftlicher Unternehmensverantwortung sowie die politischen Rahmensetzungen für eine ökologisch nachhaltige Wirtschaftstätigkeit im Raum der Europäischen Union rücken aktuell die Nachhaltigkeitsrisiken ins Zentrum der strategischen Unternehmensführung – verbunden mit einer Nachjustierung der Unternehmenspolitik

zur Gewährleistung einer zukunftsfähigen Nachhaltigkeitsperformance der Unternehmen.

In Abb. 6.2 sind die Schnittstellen von Nachhaltigkeitsmanagement und Konfliktmanagement für die EU-weit harmonisierten Nachhaltigkeitsaspekte der handelsrechtlichen Lage- und Risikoberichterstattung auf der Aggregationsebene der European Sustainability Reporting Standards (ESRS) noch einmal veranschaulicht.

An den skizzierten ESRS-Schnittstellen kann die Nachhaltigkeitsperformance der Unternehmen durch eine professionelle Bearbeitung

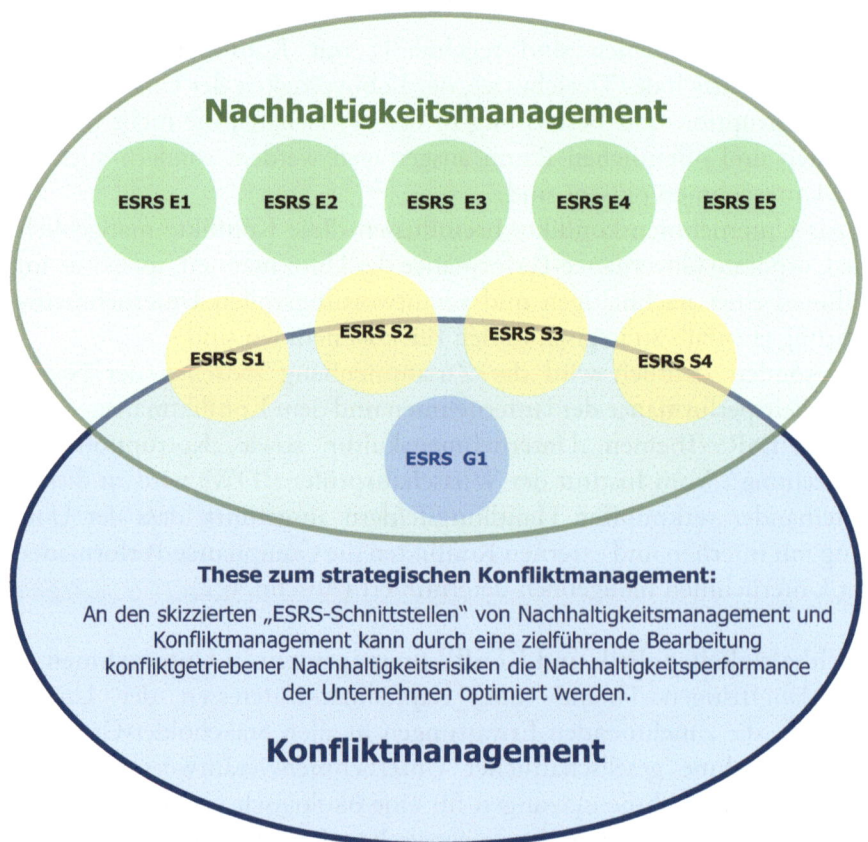

Abb. 6.2 Schnittstellen von Nachhaltigkeitsmanagement und Konfliktmanagement

konfliktgetriebener Nachhaltigkeitsrisiken, d. h. eine Verschränkung von Nachhaltigkeitsmanagement und Konfliktmanagement langfristig optimiert werden.

Um die Nachhaltigkeitsziele bestmöglich zu erreichen, ist das strategische Erfolgspotenzial des Konfliktmanagements für alle wesentlichen Handlungsfelder systematisch zu analysieren und das Konfliktmanagement – strategisch wie operativ – in die Nachhaltigkeitspolitik der Unternehmen einzubinden (Abb. 6.3).

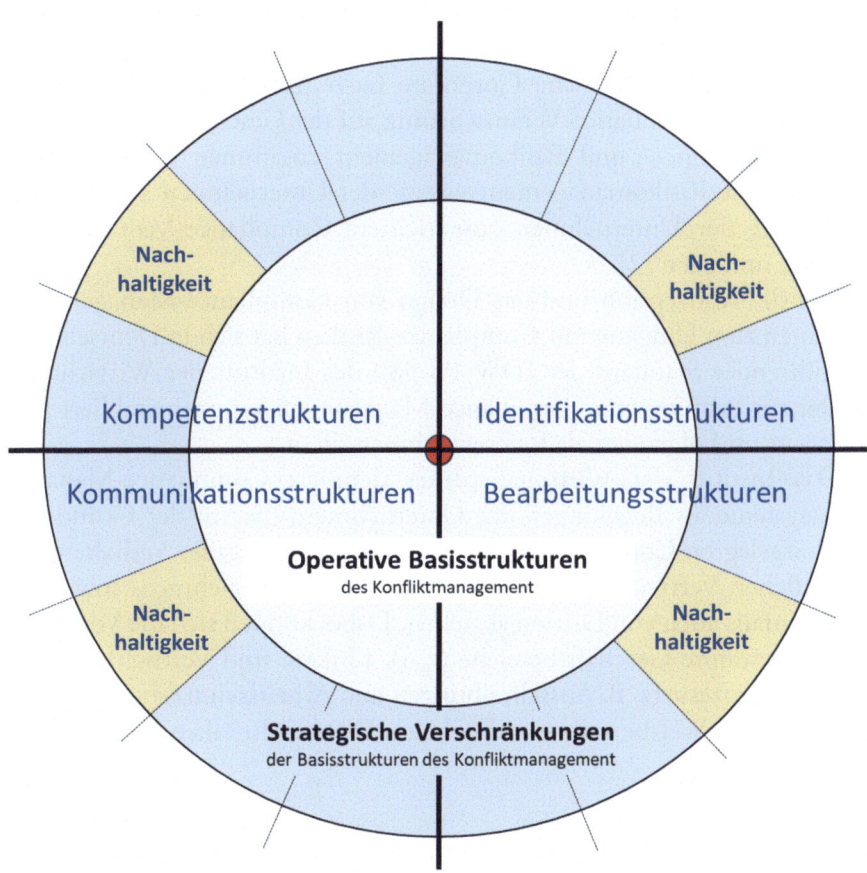

Abb. 6.3 Nachhaltigkeit im „Fadenkreuz" des strategischen Konfliktmanagements

6.2   Konfliktmanagement und Compliance-Risiken in Unternehmen

Das Compliance- und Integritätsmanagement der Unternehmen ist schon seit vielen Jahren ein zentrales Thema, wenn interdisziplinär darüber diskutiert wird, was eine verantwortungsvolle Unternehmensführung auszeichnet.

Inhaltlich geht es um die Einhaltung von Rechtsnormen und unternehmensinternen Richtlinien (Compliance) sowie eine wertebasierte Ausrichtung des persönlichen Handelns an ethisch-moralischen Standards (Integrität) [7].

Der deutschen Deutsche Corporate Governance Kodex führt dazu aus, dass die Compliance-Verantwortung auf der Geschäftsleitungsebene liegt, Compliance- und Risikomanagement zusammen zu betrachten sind und die Risikomanagementsysteme der Unternehmen auch an der Risikolage der Unternehmen ausgerichtete Compliance-Managementsysteme umfassen [2].

Für die Konzeption und das Design von Compliance-Managementsystemen zum Umgang mit Compliance-Risiken hat sich in Deutschland als führender Standard der IDW PS 980 des Instituts der Wirtschaftsprüfer zur Prüfung von Compliance-Managementsystemen etabliert [9], sodass er im Folgenden als Referenzrahmen dient.[1]

Das Institut der Wirtschaftsprüfer definiert Compliance-Managementsysteme als Regelungen der Unternehmen, die auf der Grundlage der festgelegten Compliance-Ziele auf ein regelkonformes Verhalten der gesetzlichen Vertreter und der Mitarbeiter des Unternehmens sowie gegebenenfalls auch von Dritten abstellen. Dabei können sich die Vorgaben auf ausgewählte Geschäftsbereiche (z. B. Einkauf und Vertrieb), Unternehmensprozesse (z. B. Ausschreibungen und Arbeitsschutz) oder Rechtsgebiete (z. B. Wettbewerbs- und Arbeitsrecht) beschränken [11].

---

[1] Die folgenden Ausführungen sind ein Auszug aus einem Aufsatz zum Thema „Konfliktmanagementstrukturen in Compliance-Managementsystemen" [10].

6.2.1 Konfliktmanagement und Compliance – Strategischer Kontext und Zusammenhänge für Unternehmen

Bei der Beantwortung der Frage, warum im Rahmen des Compliance-Managements auch Unternehmenskonflikte in den Blick genommen werden sollten, sind zunächst die Wirkungszusammenhänge zwischen Konflikten und Compliance-Verstößen sowie mögliche Wechselwirkungen anzuführen [12].

Wirkungszusammenhänge zwischen Konflikten und Compliance-Verstößen
Nicht selten führen Konflikte unmittelbar zu Compliance-Delikten. Anschauliche Beispiele für eine direkte Ursächlichkeit sind interne Unternehmenskonflikte, die mit einem Verrat von Geschäftsgeheimnissen, Bestechlichkeit oder Unterschlagungen verbunden sind – wie eine aktuelle Studie zur Corporate Governance und Unternehmensintegrität bestätigt [13]. Besondere Relevanz erhält dieser kausale Aspekt, weil das Compliance-Management und die Compliance-Managementsysteme präventiv die Verhinderung von wesentlichen Regelverstößen verfolgen [14].

Zudem sind Compliance-Verstöße unweigerlich mit Konflikten verknüpft, da verbindlich vereinbarte „Spielregeln" nicht eingehalten werden. Beispiele aus der Unternehmenspraxis sind interne Arbeitsplatzkonflikte nach der Verletzung von Verhaltensregeln, die oftmals vor Arbeitsgerichten ausgetragen werden, oder externe Streitigkeiten mit Geschäftspartnern nach der Verletzung vertraglicher Verpflichtungen sowie der Nichteinhaltung von gesetzlichen Vorschriften zum gewerblichen Rechtsschutz, zur IT-Sicherheit oder zum Datenschutz.

Ferner ist zu berücksichtigen, dass im Rahmen des operativen Compliance-Managements viele Compliance-Themen konfliktbesetzt sind, wie die folgenden Beispiele verdeutlichen:

- Whistleblowing-/Hinweisgebersysteme: Eine wichtige Komponente von Compliance-Managementsystemen sind interne oder externe Meldestellen für Regelverstöße, deren Einrichtung durch das

Hinweisgeberschutzgesetz   (HinSchG)   inzwischen   für   viele Unternehmen vorgeschrieben ist [15]. Sowohl mit der Einführung als auch dem Betrieb von Hinweisgebersystemen sind Organisationskonflikte verbunden, die sich auf die Festlegung der strukturellen Rahmenbedingungen sowie die Definition der erforderlichen Informations- und Arbeitsprozesse für das Whistleblowing beziehen [16].

• Lieferketten-Compliance: Mit dem Lieferkettensorgfaltspflichtengesetz (LkSG) werden Unternehmen in ihren Lieferketten zur Beachtung menschenrechtlicher und umweltbezogener Sorgfaltspflichten verpflichtet. Die Verpflichtungen betreffen nicht nur den eigenen Geschäftsbereich, sondern auch alle unmittelbaren und mittelbaren Zulieferer [17]. Vor diesem Hintergrund versuchen immer mehr Unternehmen, die zugehörigen LkSG-Pflichten/Maßnahmen auf ihre Zulieferer abzuwälzen [11] – verbunden mit einer Vielzahl von Konflikten entlang der nationalen und internationalen Lieferketten.

• Interne Aufklärung von Verdachtsfällen: Die Aufklärung von Verdachtsfällen zu Compliance-Delikten erfolgt in aller Regel durch unternehmensinterne Untersuchungen. Bei diesen Untersuchungen sind stets der Verhältnismäßigkeitsgrundsatz sowie Gegen- und Schutzrechte der mutmaßlichen Täter zu beachten, wie sie auch bei staatsanwaltschaftlichen Ermittlungen gelten [18]. Aus den unterschiedlichen Interessenlagen der in die Compliance-Untersuchungen einbezogenen Personen resultiert ein erhebliches Konfliktpotenzial.

Regeln und Regelsysteme als Instrumente des Konfliktmanagement
Zu bedenken ist auch, dass Gesetze und sonstige Regeln, deren Einhaltung das Compliance-Management im Unternehmen gewährleisten soll, Instrumente des Konfliktmanagements sind.

Dieser Aspekt beruht auf den rechtssoziologischen Ausführungen von Rehbinder zu den gesellschaftlichen Hauptfunktionen des Rechts, die er als Verhaltenssteuerung und Konfliktbereinigung beschreibt [19] und die ohne Weiteres auf das Regel-/Normensystem der Unternehmen übertragen werden können.

Bei der Ausarbeitung unternehmensinterner Regelsysteme sollte beachtet werden, dass auch die Regeln und Normen selbst zu Regelverstößen und Konflikten führen [12]. Ein Bespiel hierfür aus dem öffentlichen Recht ist die Tax-Compliance der Unternehmen und eine mangelhafte Qualität der deutschen Steuerrechtsordnung, die dazu führt, dass im Zusammenhang mit einzelnen Steuerarten auch in der wissenschaftlichen Fachliteratur explizit von „Dummensteuern" [20] gesprochen wird und Steuerverkürzungen sowie Steuerhinterziehung in der Öffentlichkeit zuweilen als „Kavaliersdelikte" [21] betrachtet werden. Damit einher geht eine geringe persönliche Bindungswirkung der wenig funktionalen Regel- und Normensysteme, d. h. eine unzureichende Compliance-Performance.

Die beschriebenen Zusammenhänge lassen erkennen, dass präventive und intervenierende Konfliktmanagementstrukturen, die sich insbesondere auf die Identifikation, Analyse und Bearbeitung compliance-spezifischer Unternehmenskonflikten beziehen, den Wirkungsgrad der Compliance-Managementsysteme erhöhen. Damit verbunden ist die Reduzierung konfliktabhängiger Compliance-Risiken, d. h. eine Optimierung der Compliance-Performance der Unternehmen [12].

Ein Arbeitsauftrag zur Zusammenführung von Compliance-Managementsystemen mit anderen Strukturen und Systemen zur Unternehmensführung, findet sich im IDW-Prüfungsstandard zu den Grundsätzen ordnungsmäßiger Prüfung von Compliance Management Systemen [14].

6.2.2 Compliance – Integrationsansatz für das Konfliktmanagement

Um das Potenzial eines systematischen Konfliktmanagements auch für das Compliance-Management zu nutzen und die Compliance-Kultur der Unternehmen funktionaler zu gestalten, lassen sich bezugnehmend auf IDW PS 980 insbesondere folgende Anknüpfungspunkte identifizieren:

Konfliktmanagement-Kompetenzen in der Compliance-Funktion

Verantwortlich für das Compliance-Management ist die Unternehmensleitung, die bestimmte Verantwortlichkeiten und Befugnisse auf eine Compliance-Funktion, d. h. andere Personen oder Personengruppen übertragen kann [22].

Wie erfolgreich konfliktbelastete Compliance-Managementprozesse in Unternehmen begleitet und bearbeitet werden und ob Konflikt- und Compliance-Managementstrukturen risikomindernd miteinander zu verschränken sind, wird entscheidend von den Kompetenzen der verantwortlichen Akteure bestimmt.

Voraussetzung für ein verzahntes Konflikt- und Compliance-Management sind professionelle Kompetenzen in der Compliance-Funktion sowohl zum Verständnis von Unternehmenskonflikten mit ihren spezifischen Ursachen, Eskalationsdynamiken und Folgen im Kontext des Compliance-Managements als auch für die Methoden und Prozesse der Konfliktbearbeitung [12].

Konfliktmanagement und Compliance-Kultur

Die Grundlage für die Angemessenheit und Wirksamkeit von Compliance-Managementsystemen bildet die Compliance-Kultur der Unternehmen, der als Risikofaktor im Compliance-Management eine herausgehobene Bedeutung zukommt [9].

Als erlerntes und bewährtes Grundmuster zum Umgang mit gesetzlichen Normen und internen Regelsystemen ist die Compliance-Kultur ein besonderes Segment der Unternehmenskultur, das die Bedeutung beeinflusst, die in einem Unternehmen der Beachtung von Regeln beigemessen wird. Die Compliance-Kultur prägt die Bereitschaft der Belegschaft zu regelkonformem Verhalten, sodass Compliance-Managementsysteme auch die Förderung einer funktionalen Compliance-Kultur zum Ziel haben [14].

Neben den spezifischen Artefakten (Verhaltensweisen, Sprache, Rituale etc.) umfasst das nur schwer greifbare Phänomen der Compliance-Kultur auf seinen sichtbaren und unsichtbaren Ebenen insbesondere alle Werte, ethisch-moralische Grundsätze, Überzeugungen und Verhaltensweisen zum regelkonformen Verhalten in Unternehmen [22], die damit zu Zielgrößen des Compliance-Managements werden.

Zu den prägenden Determinanten der Compliance-Kultur gehören nach IDW PS 980 ausdrücklich die Förderung einer konstruktiven Fehlerkultur sowie die Art und Weise des Umgangs mit internen und externen Unternehmenskonflikten (Abb. 6.4).

Damit führen die Anwendungshinweise des Instituts der Wirtschaftsprüfer in IDW PS 980 unmittelbar zum Konfliktmanagement der Unternehmen und werfen die Frage auf, welche konkreten Beiträge das Konfliktmanagement zur Förderung einer funktionalen Compliance-Kultur leisten kann und wie dieser strategische Aspekt im Kontext einer verantwortungsvollen Corporate Governance erfolgreich umzusetzen ist.

Da Corporate Compliance und Corporate Integrity, d. h. das Handeln der Mitarbeiterinnen und Mitarbeiter in Übereinstimmung mit den Unternehmenswerten [18], zwei Seiten einer Medaille sind und die Compliance-Kultur der Unternehmen von der Integrität des Managements und dem „tone at the top" beeinflusst werden [14], ist diese grundlegende Fragestellung auch auf die Integritätskultur und das Integritätsmanagement der Unternehmen zu übertragen.

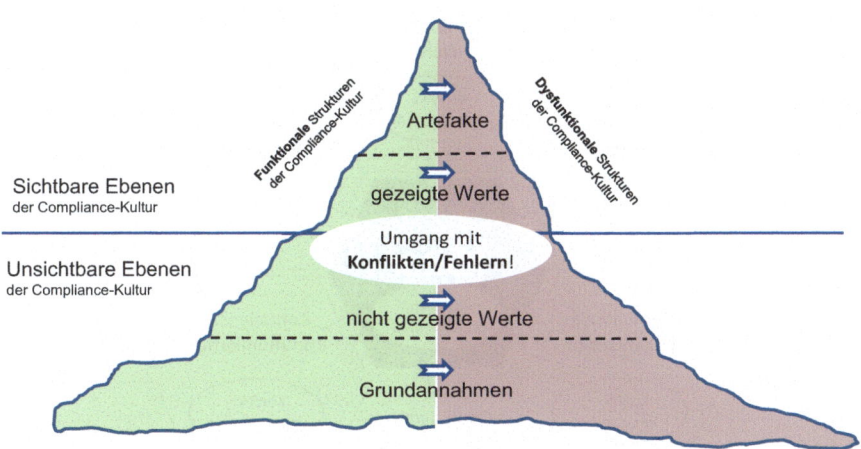

Abb. 6.4 Konflikt- und Fehlermanagement als Determinanten der Compliance-Kultur. (Quelle: Eisberg-Modell in Anlehnung an Schein [23] und Sackmann [24])

Konfliktmanagement-Strukturen in Compliance-Managementsystemen
Zu den Grundelementen von Compliance-Managementsystemen gehören die Compliance-Ziele, die Compliance-Risiken, das Compliance-
Programm, die Compliance-Organisation, die Compliance-Kommunikation sowie die Compliance-Überwachung/Verbesserung (Abb. 6.5).

Die konkrete Ausgestaltung dieser Komponenten wird dabei von der
Größe des Unternehmens sowie von Art, Umfang und Komplexität der
Geschäftstätigkeit bestimmt [14].

Nachfolgend wird beispielhaft skizziert, wie kulturprägende Konfliktmanagementstrukturen mit den Grundelementen der Compliance-
Managementsysteme zu verschränken sind:

- Das Zielportfolio der Compliance-Managementsysteme könnte explizit um die Förderung einer günstigen, d. h. funktionalen Compliance-
Kultur durch eine systematische Identifikation und Bearbeitung von

Abb. 6.5 Compliance-Managementsysteme und Konfliktmanagement

dysfunktionalen Unternehmenskonflikten zur Vermeidung von Loyalitätsrisiken sowie einer proaktiven Deliktprävention erweitert werden. Verbunden mit diesen Zielen wäre eine strategische Dimension des Konfliktmanagements im Rahmen des Compliance- und Integritätsmanagements der Unternehmen.

- In die Analyse und Bewertung der Compliance-Risiken könnte die Konfliktabhängigkeit einzelner Risiken mit ihren Auswirkungen auf deren Eintrittswahrscheinlichkeiten und Schadenshöhen einbezogen werden. Von Relevanz für das Compliance-Management wären dabei insbesondere der Einfluss der Konfliktparteien auf die Compliance-Performance der Unternehmen sowie das Eskalationsniveau der Konflikte [12].

- Das Compliance-Programm eines Unternehmens umfasst sämtliche Regelungen und Maßnahmen, die zur Begrenzung der Compliance-Risiken eingerichtet werden. Die programmzugehörigen Richtlinien, Arbeitsanweisungen oder Handbücher zum regelkonformen Verhalten wären um verbindliche Prozessbeschreibungen zum Umgang mit Unternehmenskonflikten (Konfliktmanagement) zu ergänzen.

- In die Aufbau- und Ablauforganisation der Compliance-Managementsysteme ließen sich die festgelegten Rollen und Verantwortlichkeiten zu Komponenten des Konfliktmanagements mit präventiver oder intervenierender Funktion weiterentwickeln. Beispiele wären Konfliktanlauf- und Konfliktbearbeitungsstellen, wie sie im VIADRINA-Komponentenmodell 2.0 beschrieben werden [25], als Elemente von Hinweisgebesystemen oder internen Untersuchungen.

- In den Medien und Kanälen der Compliance-Kommunikation (z. B. Handbüchern und Schulungsportalen sowie Seminarveranstaltungen) könnte über die Funktionsweise und Nutzung erfolgreich verschränkter Basisstrukturen des Konfliktmanagements sowie die zugehörigen Berichtspflichten bei eskalierenden Unternehmenskonflikten informiert werden.

- Die Qualifizierung der mit der Überwachung von Compliance-Managementsystemen und der Aufarbeitung von Compliance-Delikten beauftragter Personen (z. B. Compliance-Officer und interner Ermittler) könnte um den Umgang mit Eskalationsdynamiken und Machtungleichgewichten in asymmetrischen Konfliktsituationen ergänzt werden.

Mit diesem Hintergrund ist festzuhalten, dass sich die Compliance-Kultur und Compliance-Performance der Unternehmen optimieren lässt, wenn eine strategische Verschränkung von Konflikt- und Compliance-Management an den dargestellten Schnittstellen angemessen realisiert wird – wie Abb. 6.6 veranschaulicht.

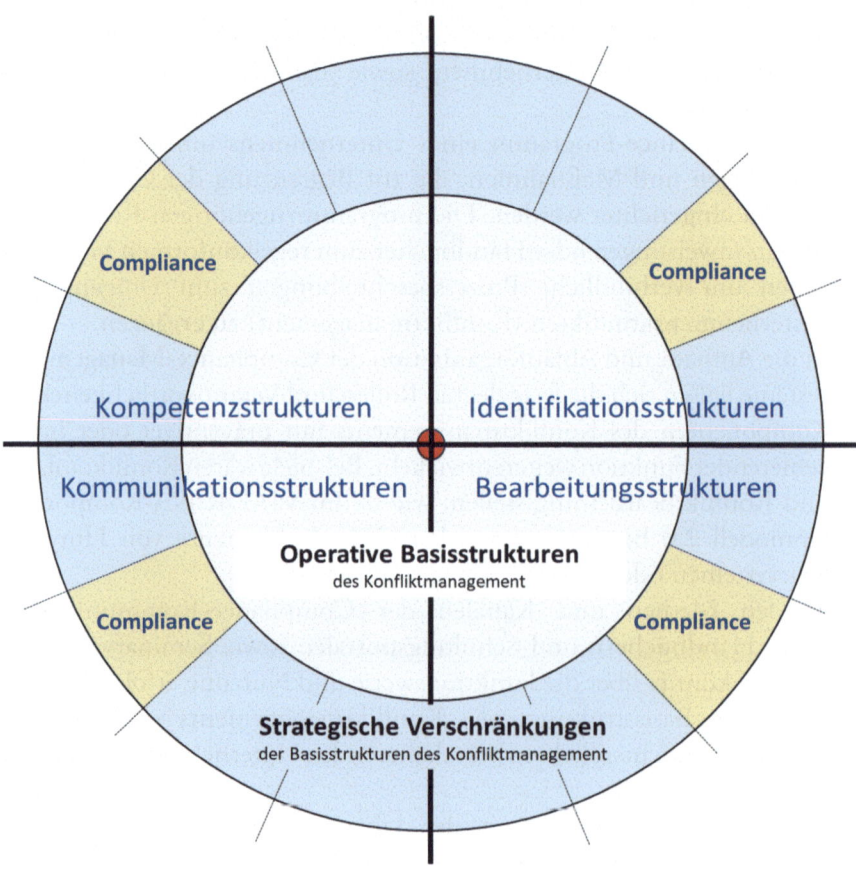

Abb. 6.6 Compliance im Fadenkreuz des Konfliktmanagements

Die skizzierte Verschränkung von Konflikt- und Compliance-Management ist bei Bedarf erweiterbar, sodass nicht nur die operativen Basisstrukturen des Konfliktmanagements, sondern auch vollständige Konfliktmanagementsysteme in integrierten „GRCC"-Managementansätzen[2] (Kap. 8) umgesetzt werden können.

6.3 Konfliktmanagement und New Work-Risiken in Unternehmen

6.3.1 Konfliktmanagement und New Work – Strategischer Kontext und Zusammenhänge für Unternehmen

Die Arbeitswelt der Zukunft (New Work) wird durch vier bekannte Trends bestimmt: dem Zuwachs an Wissen, der zunehmenden Digitalisierung, der voranschreitenden Globalisierung sowie dem anhaltenden demografischen Wandel [28].

Generationenvielfalt in den Unternehmen
Hinzu kommt die Generationenvielfalt in den Unternehmen mit unterschiedlichen Werten und veränderten Erwartungen und Bedürfnissen der Mitarbeiterinnen und Mitarbeiter.

Die Generation X (1965–1980) strebt nach Wohlstand und Karriere, schätzt Stabilität und Sicherheit am Arbeitsplatz und bevorzugt klare Organisations- und Führungsstrukturen.

Anders die Generation Y (1981–1996): Die „Millennials" sind medien- und technikaffiner und suchen sinnstiftende Arbeit in kollaborativen Arbeitsumgebungen ohne Hierarchien. Sie legen Wert auf flexible Beschäftigungsbedingungen, auch wenn diese mit weniger Sicherheit und Stabilität oder geringeren beruflichen Aufstiegsperspektiven verbunden sind.

---

[2] Die Abkürzung „GRCC" steht für „Governance-Risk-Compliance-Conflict" und erweitert das Kürzel „GRC", das in den interdisziplinären Modellen und Konzepten zur Corporate Governance etabliert ist [26], um ein „C" für „Conflict".

Die „Digital Natives" der Generations Z (ab 1997) verfügen über hohe Kompetenzen bei der Nutzung digitaler Medien. Dieser Generation wird neben einem großen Selbstvertrauen ein hohes Bewusstsein für soziale, ethische und ökologische Verantwortung zugeschrieben. Wichtig sind ihr – neben dem Spaß an der Arbeit – Sicherheit und Stabilität am Arbeitsplatz sowie die Vereinbarkeit des Berufs mit Freizeit und Familie (Work-Life-Balance). Damit einher gehen hohe Anforderungen an die Unternehmen als Arbeitgeber [26].

New Work und das Management spezifischer Personalrisiken
Aus der strategischen Perspektive des Risikomanagement stellen diese Entwicklungen und Rahmenbedingungen spezifische Personalrisiken dar, die dazu führen, dass

- qualifiziertes Personal für die Unternehmen auf dem Arbeitsmarkt fehlt (Engpassrisiken), z. B. aufgrund einer geringen Arbeit-geberattraktivität,
- Mitarbeiterinnen und Mitarbeiter die Unternehmen verlassen (Austrittsrisiken), z. B. aufgrund unattraktiver Arbeitsbedingungen bezüglich der Verträglichkeit von Beruf und Familie,
- unzureichend qualifiziertes Personal nicht aus- und fortgebildet werden kann (Anpassungsrisiken), z. B. aufgrund fehlender mathematischer, sprachlicher oder digitaler Kompetenzen,
- Mitarbeiterinnen und Mitarbeiter ihre Leistungen zurückhalten (Motivationsrisiken), z. B. nach inneren Kündigungen aufgrund wenig flexibler und unattraktiver Arbeitszeiten, oder
- Mitarbeiterinnen und Mitarbeiter gegen Normen und Regeln verstoßen (Integritätsrisiken), z. B. als Reaktion auf ein als zu autoritär empfundenes regelbasiertes Führungsverhalten [29].

New Work ist in vielen Unternehmen die Antwort auf diese Herausforderungen und Risiken, wobei dieses Begriffsverständnis inhaltlich für ein Strategieprogramm steht, das auf die Gestaltung zukunftsfähiger, wertschöpfender und sinnstiftender Arbeit sowie deren Rahmenbedingungen abzielt [28].

Zu den Konzepten und Maßnahmen der New Work-Strategien der Unternehmen gehören nach den empirischen Analysen und Ergebnissen des „New-Work-Barometers" [30] insbesondere

- die Autonomie bezüglich Arbeitsort und Arbeitszeit,
- die Ausgabe und der Einsatz mobiler Technologien,
- ein agiles Arbeiten in Projekten und Teams,
- die Selbstorganisation und eine offene Fehlerkultur,
- eine agile Führung und die Verflachung von Hierarchien sowie
- das selbstbestimmte Lernen und eine Digital Leadership.

Die Überlegung hinter diesen Strategieprogrammen: Eine attraktive New Work-Umgebung, die auf Vertrauen, Autonomie und Mitbestimmung basiert, stärkt langfristig die Arbeitgebermarke der Unternehmen und führt zu strategischen Vorteilen im Wettbewerb um qualifizierte Fach- und Führungskräfte („war for talents") [31].

6.3.2 New Work – Relevanz und Integration des Konfliktmanagements

Mit den skizzierten New Work-Maßnahmen der Unternehmen ist im Tagesgeschäft die komplexe nicht-autoritäre Koordination sowohl der Unternehmensinteressen mit den Personalinteressen als auch der persönlichen Bedürfnisse und Interessen der Mitarbeiterinnen und Mitarbeiter mit den Interessen der Führungskräfte und Funktionsträger verbunden. Dieses Interessenmanagement ist entscheidend für den Erfolg oder Misserfolg der New Work-Strategien der Unternehmen.

Aufgrund der Heterogenität und zunehmenden Gegensätzlichkeit der in der New Work-Welt der Unternehmen zu koordinierenden Interessen (z. B. bezüglich Arbeitszeit und Arbeitsort sowie der Digitalisierung, in der agilen Projekt und Teamarbeit, beim Umgang mit Fehlern oder im Rahmen agiler Führungsprozesse und Digital Leadership) ist das Management der daraus resultierenden Unternehmenskonflikte ein zentraler Aspekt für die erfolgreiche Implementierung und langfristige Umsetzung der New Work-Strategien.

Abb. 6.7 Personalrisiken, New Work und Konfliktmanagement

Die Potenziale des Konfliktmanagements für das Management der Personalrisiken im Kontext von New Work veranschaulich Abb. 6.7.

Vor diesem Hintergrund sind Unternehmen gut beraten, wenn sie das Thema „New Work" auch aus der Perspektive des Konfliktmanagements betrachten[3] und Konfliktmanagementstrukturen in ihre New Work-Strategien einbinden, um New Work-Risiken zu reduzieren (Abb. 6.8).

Ein verschränktes Konflikt- und Personal(risiko)management stärkt die Arbeitgebermarke und führt strategisch zu Wettbewerbsvorteilen auf dem Arbeitsmarkt für Fach- und Führungskräfte.

---

[3] Zu den Zusammenhängen eines systematischen Konfliktmanagement mit der New Work-Politik der Unternehmen wird ergänzend auf die Ausführungen von Briem [27] verwiesen.

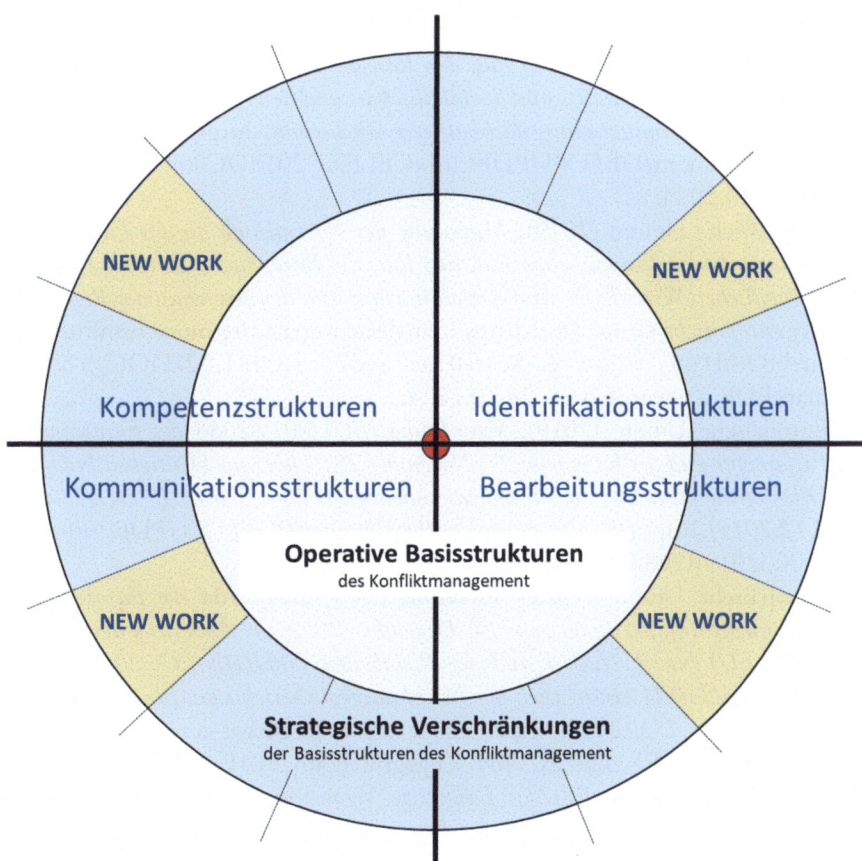

Abb. 6.8 New Work im Fadenkreuz des Konfliktmanagements

Literatur

1. Regierungskommission Deutscher Corporate Governance Kodex. (2022). *Begründung der am 28. April 2022 beschlossenen Änderungen.* https://www.dcgk.de//files/dcgk/usercontent/de/download/kodex/220517_Begruendung_DCGK_2022.pdf. Zugegriffen am 24.10.2024.
2. Regierungskommission Deutscher Corporate Governance Kodex. (2022). *Deutscher Corporate Governance Kodex.* https://www.dcgk.de/de/kodex.html. Zugegriffen am 24.10.2024.

3. Europäische Union. (2018). *Mitteilung der Kommission an das Europäische Parlament, den Europäischen Rat, den Rat, die Europäische Zentralbank, den Europäischen Wirtschafts- und Sozialausschuss und den Ausschuss der Regionen. Aktionsplan: Finanzierung nachhaltigen Wachstums.* https://eur-lex.europa.eu/legal-content/DE/TXT/PDF/?uri=CELEX:52018DC0097. Zugegriffen am 24.10.2024.

4. Europäische Union. (2019). *Mitteilung der Kommission an das Europäische Parlament, den Europäischen Rat, den Rat, die Europäische Zentralbank, den Europäischen Wirtschafts- und Sozialausschuss und den Ausschuss der Regionen. Der europäische Grüne Deal.* https://eur-lex.europa.eu/resource.html?uri=cellar:b828d165-1c22-11ea-8c1f-01aa75ed71a1.0021.02/DOC_1&format=PDF. Zugegriffen am 24.10.2024.

5. Europäische Union. (2019). *Verordnung (EU) 2019/2088 des Europäischen Parlaments und des Rates vom 27. November 2019 über nachhaltigkeitsbezogene Offenlegungspflichten im Finanzdienstleistungssektor (ABl. L 317/1 vom 9.12.2019).* https://eur-lex.europa.eu/legal-content/DE/TXT/PDF/?uri=CELEX:32019R2088. Zugegriffen am 24.10.2024.

6. Europäische Union. (2022). *Richtlinie (EU) 2022/2464 des Europäischen Parlaments und des Rates vom 14. Dezember 2022 zur Änderung der Verordnung (EU) Nr. 537/2014 und der Richtlinien 2004/109/EG, 2006/43/EG und 2013/34/EU hinsichtlich der Nachhaltigkeitsberichterstattung von Unternehmen (Abl. L 322/15).* https://eur-lex.europa.eu/legal-content/DE/TXT/PDF/?uri=CELEX:32022L2464. Zugegriffen am 24.10.2024.

7. Europäische Union. (2023). *Delegierte Verordnung (EU) 2023/2772 der Kommission vom 31. Juli 2023 zur Ergänzung der Richtlinie 2013/34/EU des Europäischen Parlaments und des Rates durch Standards für die Nachhaltigkeitsberichterstattung (Abl. Reihe L).* https://eur-lex.europa.eu/legal-content/DE/TXT/PDF/?uri=OJ:L_202302772. Zugegriffen am 24.10.2024.

8. Troja, M., Dendorfer-Ditges, R., Redlich, A., & Schroeter, K. (Hrsg.). (2024). *Konfliktdynamik. Verhandeln, Vermitteln und Entscheiden in Wirtschaft und Gesellschaft. Heft 2/2024: Sexuelle Belästigung am Arbeitsplatz.* Nomos.

9. Naucke, C., & Corell, C. (2023). *Der neue Compliance-Prüfungsstandard IDW PS 980. Überblick über die wichtigsten Änderungen und Anmerkungen aus der Compliance-Praxis.* Haufe.

10. Knobloch, T. (2023). Konfliktmanagementstrukturen in Compliance-Managementsystemen. *Konfliktdynamik, 12*(4), 281–287.

11. Schröder, C. (2023). Aktuelle Entwicklungen rund um das Lieferkettengesetz. *Comply, 8*(2), 14–16.
12. Knobloch, T. (2016). Konflikte und Compliance. In B. Makowicz (Hrsg.), *Praxishandbuch Compliance Management Online. Entwicklung und Umsetzung von Systemen zur Regeleinhaltung in Unternehmen und Organisationen im In- und Ausland* (7. Ergänzungslieferung Juni 2016, Kapitel 2-75) https://login.reguvis.de/complyplus/. Zugegriffen am 24.10.2024.
13. EY Ernst & Young Wirtschaftsprüfungsgesellschaft (Hrsg.). (2022). *Tunnelblick oder das große Ganze? Wie der Fokus auf bessere Governance Unternehmensintegrität neu definiert*. Global Integrity Report 2022.
14. IDW Institut der Wirtschaftsprüfer (Hrsg.). (2022). *Prüfungsstandard: Grundsätze ordnungsmäßiger Prüfung von Compliance Management Systemen (IDW PS 980)*. IDW.
15. Egger, M. (2021). Hinweisgebersysteme. In B. Makowicz (Hrsg.), *Praxishandbuch Compliance Management Online. Entwicklung und Umsetzung von Systemen zur Regeleinhaltung in Unternehmen und Organisationen im In- und Ausland* (2. Kapitel: Ausgestaltung von Compliance-Systemen- Abschnitt 2-40). Reguvis. https://login.reguvis.de/complyplus/.Zugegriffen am 24.10.2024.
16. Schefold, C., & Kahraman, G. (2023). Whistleblowing und Datenschutz. *Comply, 8*(1), 18–20.
17. Hagel, U., & Wiedmann, M. (2023). LkSG-Compliance als interdisziplinäre Aufgabe. *Konfliktdynamik, 12*(4), 266–280.
18. Makowicz, B. (2022). Einführung ins Compliance und Integrity Management. In B. Makowicz (Hrsg.), *Praxishandbuch Compliance Management Online. Entwicklung und Umsetzung von Systemen zur Regeleinhaltung in Unternehmen und Organisationen im In- und Ausland* (1. Kapitel: Praktische Einführung – Abschnitt 1-10). Reguvis. https://login.reguvis.de/complyplus/. Zugegriffen am 24.10.2024.
19. Rehbinder, M. (1989). *Rechtssoziologie*. De Gruyter.
20. Seer, R., Hey, J., Englisch, J., & Hennrichs, J. (2024). *Steuerrecht*. ottoschmidt.
21. Bund der Steuerzahler. (2024). *Eine Straftat und kein Kavaliersdelikt*. https://www.steuerzahler.de/aktuelles/detail/eine-straftat-und-kein-kavaliersdelikt/. Zugegriffen am 24.10.2024.
22. DIN Deutsches Institut für Normung e.V. (2021). *DIN ISO 37301. Compliance-Managementsysteme – Anforderungen mit Leitlinien zur Anwendung (ISO 37301:2021)*. Beuth.

23. Schein, E. (2010). *Organisationskultur*. EHP.
24. Sackmann, S. (2004). *Erfolgsfaktor Unternehmenskultur. Mit kulturbewusstem Management Unternehmensziele erreichen und Identifikation schaffen*. Gabler.
25. PricewaterhouseCoopers/Europa-Universität Viadrina. (Hrsg.). (2013). *Konfliktmanagement als Instrument werteorientierter Unternehmensführung*.
26. Eberhardt, D. (2021). *Generationen zusammen führen: Mit Generation X, Y, Z und Babyboomern die Arbeitswelt gestalten*. Haufe.
27. Briem, J. (2024). Systematisches Konfliktmanagement und New Work. Eine enge Beziehung! *Spektrum der Mediation, 95*, 43–46.
28. Schermuly, C. (2024). *New Work – Gute Arbeit gestalten. Psychologisches Empowerment von Mitarbeitenden*. Haufe.
29. Kobi, J.-M. (2012). *Personalrisikomanagement: Strategien zur Steigerung des People Value*. Springer-Gabler.
30. Schermuly, C., & Meifert, M. (2023). *Ergebnisbericht zum New Work-Barometer 2023*. https://www.srh-berlin.de/fileadmin/Hochschule_Berlin/01_SEA_Landing_Pages/Business/Ergebnisbericht_zum_New_Work-Barometer_2023.pdf. Zugegriffen am 24.10.2024.
31. Busold, M. (2019). *War for Talents: Erfolgsfaktoren im Kampf um die Besten*. Springer-Gabler.
32. Institut für Konfliktmanagement – Europa-Universität Viadrina. (Hrsg.). (2012). Konfliktmanagement (IV) – Nachhaltige Verankerung von Konfliktmanagement im Unternehmen. Tagungsbericht: Bucerius Law School, Hamburg (25. und 26. Oktober 2012). https://www.rtmkm.de/wp-content/uploads/2019/03/Tagungsbericht_KM_IV_April2013_final.pdf. Zugegriffen am 24.10.2024.

7

Strategisches Konfliktmanagement – Implementierung und ökonomische Grenzen

Zusammenfassung Ausgehend von einer Vision für das Konfliktmanagement der Unternehmen ist eine zielführende Strategie zu entwickeln und vor Ort zu implementieren, wobei am Anfang des Prozesses eine sorgfältige SWOT-Analyse des eigenen Konfliktmanagements steht. Aus dieser Analyse lassen sich lückenschließend die Strategien für das Konfliktmanagement mit konkreten Zielen und Maßnahmen als Handlungsprogramme für die Unternehmen ableiten. Die Implementierung und langfristige Umsetzung dieser Handlungsprogramme kann mit Hilfe einer modifizierten Balanced Scorecard erfolgen. Dabei sind auch die bekannten Vorbehalte und Systemwiderstände gegenüber dem Konfliktmanagement vorausschauend in den Blick zu nehmen, zu deren erfolgreichen Überwindung die Einbindung von ausgewählten Promotoren in die Innovations- und Strategieprozesse der Unternehmen empfohlen wird. Die Ausführungen enden mit einer abstrakten Betrachtung der ökonomischen Grenzen für die strategischen Erweiterungen und Vertiefungen der Basisstrukturen des Konfliktmanagements in den Unternehmen.

T. Knobloch, *Strategisches Konfliktmanagement*,
https://doi.org/10.1007/978-3-658-47671-7_7

7.1 Von der Vision zum strategischen Konfliktmanagement in Unternehmen

Auch für das Konfliktmanagement beginnt der Strategieprozess mit einer Leitidee (Vision), die motivierend vermittelt, wie Unternehmen zukünftig mit internen und externen Konflikten umgehen wollen, um ihre Unternehmensziele zu erreichen.

Um dieses Zukunftsbild zu realisieren, ist eine zielführende Strategie für das Konfliktmanagement zu entwickeln und in den Unternehmen zu implementieren. Der zugehörige Strategieprozess kann mit Abb. 7.1 skizziert werden kann [1].

Ergänzend ist in Abb. 7.1 berücksichtigt, dass ein verändertes Umfeld und/oder ökonomische Grenzen im Anschluss an eine Strategierevision auch Strategieanpassungen erforderlich machen.

7.1.1 Vision und Ziele für ein strategisches Konfliktmanagement

Der erste Schritt auf dem Weg zu einem strategischen Umgang mit Unternehmenskonflikten ist die Formulierung einer handlungsleitenden Vision für Konfliktmanagement sowie die Ableitung zugehöriger Unternehmensziele.

Abb. 7.1   Schritte zu einem strategischen Konfliktmanagement

In Anlehnung an die Vision des Round Table Mediation und Konflikt-management der deutschen Wirtschaft (RTMKM)[1] könnte eine Vision für das Konfliktmanagement der Unternehmen wie folgt gefasst werden:

> „Der professionelle Umgang mit internen und externen Unternehmens-konflikten ist fest in unserer Unternehmenskultur verankert. Im Zentrum des Konfliktmanagement stehen unser Unternehmensziele.
> Personen, Methoden und Instrumente, die präventiv oder intervenierend im Rahmen des Konfliktmanagements eingesetzt werden, sind in effizien-ten Organisationsstrukturen zielführend miteinander verknüpft.
> Das Konfliktmanagement trägt maßgeblich zum strategischen und wirtschaftlichen Erfolg unseres Unternehmens bei und ist als wichtiger Baustein einer modernen und verantwortungsvollen Unternehmensfüh-rung unternehmensweit anerkannt."

Die strategischen Ziele, die aus der Unternehmensvision für das Konfliktmanagement abgeleitet werden, sind anschließend möglichst präzise zu formulieren und verbindlich festzulegen. Zu den Zielgrößen gehören eingrenzend die in den Blick zu nehmenden Konfliktkate-gorien (interne und/oder externe B2X-Konflikte) sowie die angestrebten Ausbau-/Entwicklungsstufen des Konfliktmanagements in den Unternehmen.

7.1.2 Strategieentwicklung für das Konfliktmanagement

Der eigentliche Prozess der Strategieentwicklung beginnt in den Unter-nehmen mit einer Analyse der aktuellen Situation hinsichtlich ihres Um-gangs mit Konflikten (Ist-Situation) sowie der Identifikation strategi-scher Lücken bezüglich der erarbeiteten Vision und Unternehmensziele (Soll-Situation).

---

[1] Link zur Vision des Round Table Mediation und Konfliktmanagement der deutschen Wirtschaft (RTMKM): https://rtmkm.de/vision-und-mission/.

Analyse der Ausgangssituation

Vor dem Hintergrund der Vielzahl interner und externen Unternehmenskonflikte sowie auch der Komplexität der zu betrachtenden Stakeholder-
Beziehungen sind in die Analyse zum Status quo des Konfliktmanagements
sowohl interne als auch externe Faktoren einzubeziehen, sodass sich als
Analyseinstrument die SWOT-Analyse[2] anbietet [2].

Als praxiserprobtes Analyseraster zur Entwicklung strategischer Optio-
nen [3] betrachtet die SWOT-Analyse für das Konfliktmanagement in
einem ersten Schritt die internen Stärken und Schwächen eines Unternehmens im Umgang mit seinen Unternehmenskonflikten und identifiziert im zweiten Schritt die konfliktzugehörigen Risiken und Chancen
aus dem Stakeholder-Umfeld (Abb. 7.2).

Abb. 7.2   SWOT-Analyse für das strategische Konfliktmanagement

---

[2] Das Akronym SWOT steht für die englischen Begriffe „Strengths" (S) und „Weaknesses" (W)
sowie „Opportunities" (O) und „Threats" (T).

Identifikation der strategischen Lücken
Aufbauend auf den Ergebnissen der SWOT-Analyse zum Konfliktmanagement lassen sich dann strategische Lücken identifizieren, die im Rahmen eines strategischen Handlungsprogramms zu schließen sind.

Die strategischen Lücken betreffen zum einen die Stakeholder oder Stakeholder-Gruppen, die nicht vollständig in den Strukturen oder Systemen des Konfliktmanagements erfasst sind (z. B. wichtige Lieferanten und Kapitalgeber). Zum anderen betreffen sie Strategiethemen, für die die Relevanz des Konfliktmanagements bisher nicht erkannt wurde und/oder notwendige Programme des Konfliktmanagements nicht umgesetzt worden sind (z. B. für New Work und Nachhaltigkeit).

Für den operativen Prozess des Konfliktmanagements zeigen sich diese Lücken als Identifikationslücken, Kommunikationslücken, Analyselücken und/oder Bearbeitungslücken.

Verknüpft sind diese funktionalen Defizite oftmals mit Kompetenzlücken der Unternehmen, deren Schließung notwendige Voraussetzung für ein funktionierendes Konfliktmanagement ist.

Entwicklung eines strategisches Handlungsprogramms
Die Aktionsprogramme zur Schließung der strategischen Lücken beim Umgang mit internen und externen Unternehmenskonflikten beziehen sich auf die Ausweitung des strategischen Fokus des Konfliktmanagements der Unternehmen auf bisher vernachlässigte Konflikte sowie die effektive Erweiterung und Vertiefung der operativen Basisstrukturen.

Im Zentrum der Programme stehen regelmäßig die Optimierung der organisatorischen Aufbau- und Ablaufstrukturen des Konfliktmanagements sowie die Kompetenzentwicklung in den Unternehmen.

Verantwortlichkeiten und Budgetierung
Zur Strategieentwicklung für das Konfliktmanagement der Unternehmen gehört abschließend die Zuweisung von persönlichen Verantwortlichkeiten für die Umsetzung der Strategie, die Festlegung von Meilensteinen sowie die Planung eines langfristig verlässlichen Finanzrahmens.

7.1.3 Strategieimplementierung für das Konfliktmanagement

Die Nutzung einer Balanced Scorecard (BSC) als Strategietool der Unternehmenspraxis [3] führt auch für das Konfliktmanagement der Unternehmen zu einer ganzheitlichen Entwicklung und Umsetzung der Strategie [4].

Die Ganzheitlichkeit des Balanced Scorecard-Konzepts beruht auf der Berücksichtigung vernetzter Ursache- und Wirkungszusammenhänge über mehrere Betrachtungsebenen (Perspektiven) mit spezifischen Leitfragen. Im Zentrum der einzelnen Perspektiven stehen die jeweiligen Ziele für das Konfliktmanagement, denen zunächst Kennzahlen und Kennzahlenvorgaben zugeordnet werden, um anschließend zielführende Maßnahmenprogramme zu entwickeln und deren Umsetzung zu überprüfen [3].

Die Leitfragen für ein strategisches Konfliktmanagement der Unternehmen könnten zum Beispiel wie folgt formuliert werden:

• Leitfrage für die Potenzialperspektive: Welche Konfliktmanagementziele ergeben sich für das Lernen und die Entwicklung unserer Mitarbeiter?
• Leitfrage für die Prozessperspektive: Welche Konfliktmanagementziele ergeben sich für die internen Prozesse unseres Unternehmens?
• Leitfrage für die Stakeholder-Perspektive(n): Welche Konfliktmanagementziele ergeben sich aus den Erwartungen unserer Stakeholder zum Umgang mit Konflikten?
• Leitfrage für die Finanzperspektive: Welche Konfliktmanagementziele ergeben sich aus den Konfliktrisiken/-chancen für den finanziellen Unternehmenserfolg?

Für die Potenzial- und Prozessperspektive der Balanced Scorecard führt die Bearbeitung dieser Leitfragen zur Entwicklung und Umsetzung von nachhaltig verschränkten Kompetenz- bzw. Bearbeitungsstrukturen des Konfliktmanagements. In den einzelnen Stakeholder-Perspektiven resultieren daraus resiliente(re) Arbeits- und Geschäftsbeziehungen mit ihren ökonomischen Erfolgspotenzialen für die Finanzperspektive der Unternehmen, auf der neben den Konfliktkosten. insbesondere konflikt-getriebene Unternehmenswertverluste zu betrachten sind.

Durch die frühzeitige Einbeziehung dieser Perspektiven und Leit-fragen in die Strategieentwicklung sowie die Verknüpfung der Hand-lungsprogramme auf den einzelnen Betrachtungsebenen mit Kennzahlen und Zielvorgaben entsteht für das Konfliktmanagement eine effektive Verknüpfung von Strategieentwicklung und Strategieumsetzung. Gleich-zeitig wird die Überprüfung der Umsetzungserfolge auf den einzelnen Ebenen erleichtert und die Durchführung notwendiger Nachsteuerungen und Anpassungen ermöglicht.

Abb. 7.3 zeigt zusammenfassend ein modifiziertes Balanced Scorecard-Konzept, das explizit die Perspektiven unterschiedlicher Stakeholder-Gruppen berücksichtigt und zur Implementierung eines strategischen Konfliktmanagements in den Unternehmen dient.

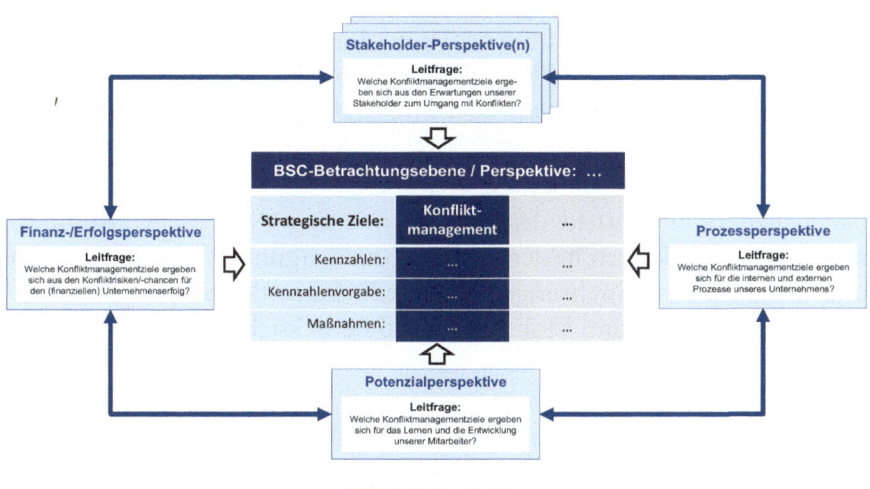

© 2024 – Prof. Dr. Thomas Knobloch

Abb. 7.3 Strategisches Konfliktmanagement und Balanced Scorecard (BSC)

7.1.4 Widerstände und Promotoren im Unternehmen

Umgang mit Vorbehalten und Systemwiderständen
Die Implementierung von Konfliktmanagementstrukturen oder Konfliktmanagementsystemen trifft in den Unternehmen nach wie vor auf
persönliche Vorbehalte und Systemwiderstände, die oftmals auf einem
unzureichenden Informationsstand beruhen bzw. auf Kommunikations-
barrieren sowie unterschiedliche Denk- und Verhaltensmuster in den
Unternehmen zurückzuführen sind [5].

Eine empirische Analyse der Bedenken und Vorurteile gegenüber dem
Konfliktmanagement [6] zeigt, dass in vielen Fällen

- die geäußerten Vorbehalte die Zuverlässigkeit und Verbindlichkeit der
  außergerichtlichen Konfliktbearbeitungsverfahren (ADR-Verfahren)
  infrage stellen,
- die Meinung vertreten wird, dass Konflikte im Unternehmen bereits
  bearbeitet werden und infolgedessen kein Optimierungsbedarf besteht,
- die Notwendigkeit einer systematischen Konfliktbearbeitung in festen
  Organisationsstrukturen bezweifelt wird und/oder
- die Auffassung vertreten wird, dass die Kosten eines institutionalisierten Konfliktmanagements dessen wirtschaftlichen Nutzen übersteigen.

Vor diesem Hintergrund ist es zielführend, diesen „typischen" Vorbehalten bereits im Vorfeld der Implementierung strategischer Konfliktmanagementstrukturen in den Unternehmen argumentativ zu begegnen
und persönliche Befürchtungen und Bedürfnisse der Skeptiker in Auf-
klärungsgesprächen und Diskussionen zu berücksichtigen [6].

Einbindung von Promotoren
Die erfolgreiche Einführung strategischer Konfliktmanagement-
strukturen hängt nicht zuletzt von den am Etablierungsprozess beteiligten
Personen ab, sodass überzeugte und motivierte Promotoren[3] diesen Pro-

---

[3] Als Promotoren werden nach Hauschildt [7] Personen bezeichnet, die insbesondere aufgrund
ihrer Persönlichkeit, Kompetenzen und Position in das Innovationsmanagement der Unternehmen
eingebunden werden und konkrete Innovationen durch ihre persönliches Engagament zum Erfolg
führen (sollen).

Abb. 7.4 Promotorenteam für das Konfliktmanagement

zess wirkungsvoll unterstützen und Vorbehalte sowie Systemwiderstände überwinden helfen.

Bei der Zusammenstellung eines Promotorenteams für das Konflikt-management (Abb. 7.4) sollten Unternehmen auf eine möglichst effektive funktionale Arbeitsteilung von

- Machtpromotoren (Funktion: Förderung des Etablierungsprozesses durch ihr hierarchisches Potenzial),
- Fachpromotoren (Funktion: Förderung des Etablierungsprozesses durch besondere Kompetenzen im Konfliktmanagement),
- Prozesspromotoren (Funktion: Förderung des Etablierungsprozesses durch besondere Kenntnisse der Unternehmensorganisation und unternehmensinterner Prozesse) sowie
- Beziehungspromotoren (Funktion: Förderung des Etablierungsprozesses durch persönliche Netzwerkbeziehungen innerhalb und außerhalb des Unternehmens)

achten [8].

Die große Bedeutung des Zusammenspiels der Promotoren für die erfolgreiche Einführung von Konfliktmanagementsystemen bestätigt die PwC/EUV-Abschlussstudie zum Konfliktmanagement in deutschen Unternehmen [9].

7.2   Nutzen und ökonomische Grenzen eines strategischen Konfliktmanagements

Trotz der ökonomischen Erfolgspotenziale eines strategischen Konflikt-managements und den damit verbundenen langfristigen Chancen für Unternehmen sollen auch dessen ökonomische Grenzen kurz in den Blick genommen werden.

Das betriebswirtschaftliche Standardkalkül für eine verantwortungsvolle Unternehmensführung beruht auf dem ökonomischen Prinzip und be-trachtet abstrakt – auch für das Konfliktmanagement – den Nutzen und die Kosten der strategischen Handlungsprogramme der Unternehmen.

Unter diesem Prinzip werden sich die Konfliktmanagementaktivitäten eines Unternehmens zum Anfang auf die Bereiche konzentrieren, in denen die konfliktgetriebenen Unternehmensrisiken das größte Schadens-potenzial aufweisen (z. B. im B2B-Berreich bezüglich Supply Chain-Risiken und/oder im Personalbereich bezüglich New Work-Risiken) und das Konfliktmanagement somit am „nützlichsten" ist.

Der weitere Ausbau der Konfliktmanagementstrukturen wird infolge-dessen zunehmend weniger Nutzen stiften, sodass in der Sprache der Be-triebswirtschaftslehre von einem abnehmenden Grenznutzen[4] für die Unternehmen auszugehen ist, für den hier angenommen wird, dass er nicht linear, sondern progressiv abnimmt.

Gleichzeitig steigen mit der Vertiefung und Erweiterung der Basis-strukturen des Konfliktmanagements bzw. der Implementierung voll-ständiger Konfliktmanagementsysteme die Interventionskosten des Konfliktmanagements, die jedoch durch eine ressourcenschonende Ver-zahnung mit anderen Corporate Governance-Systemen der Unterneh-men (z. B. dem Risikomanagement) reduziert werden können.

Unter der Annahme eines abnehmenden Grenznutzens sowie zu-nehmender Grenzkosten für das Konfliktmanagement ist in den Unter-

---

[4] „Grenznutzen" und „Grenzkosten" sind Fachbegriffe der Wirtschaftswissenschaften und be-zeichnen für das Konfliktmanagement den zusätzlichen Nutzen, der durch zusätzliche operative oder strategische Maßnahmen entsteht (Grenznutzen), sowie die zusätzlichen Kosten dieser zusätz-lichen Aktivitäten (Grenzkosten) – beispielsweise durch den weiteren Ausbau eines internen Mediatoren-Pools oder der Verzahnung von Konflikt-, Risiko- und Compliance-Management.

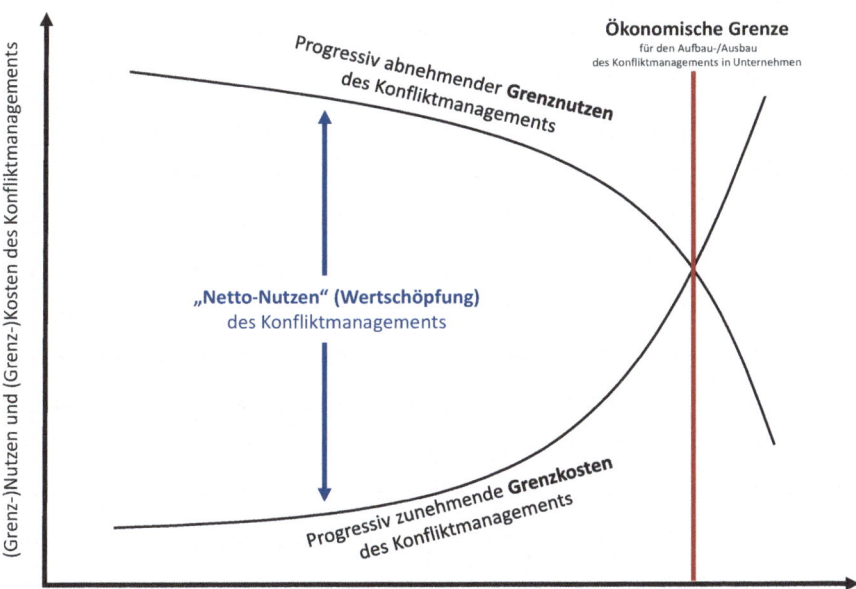

Abb. 7.5 Ökonomische Grenze für die Implementierung strategischer Konflikt-managementstrukturen

nehmen die ökonomische Grenze für den Auf- und Ausbau strategisch verschränkter Konfliktmanagementstrukturen erreicht, wenn sich Grenz-kosten und Grenznutzen die Waage halten – wie die grafische Darstellung dieses Kalküls in Abb. 7.5 für die unterstellten progressiven Verläufe zeigt.

Bezogen auf die Vertiefung und Erweiterung der Basisstrukturen er-gibt sich der „Netto-Nutzen", d. h. die ökonomische Wertschöpfung des strategischen Konfliktmanagements aus der Differenz von Grenznutzen und Grenzkosten der zusätzlichen Organisationsstrukturen und Prozesse in den Unternehmen.

Dabei ist anzumerken, dass diese modellhaften Überlegungen zu den wirtschaftlichen Grenzen des Konfliktmanagements auf der Beachtung des ökonomischen Prinzips beruhen und stets ein entsprechendes Han-deln in den Unternehmen voraussetzen. Die vollständige Umsetzung dieser abstrakten Rationalität ist den Unternehmen jedoch nicht möglich, wie die Unternehmenspraxis tagtäglich zeigt.

Die Praxis des Konfliktmanagements deutscher Unternehmen zeigt aber auch, dass die operativen Aktivitäten und Handlungsprogramme nach wie vor selten in ein strategisches Gesamtkonzept mit betriebswirtschaftlicher Fundierung eingebunden sind [9].

Literatur

1. Hungenberg, H. (2014). *Strategisches Management in Unternehmen. Ziele – Prozesse – Verfahren.* Springer-Gabler.
2. Müller-Stewens, G., & Lechner, C. (2016). *Strategisches Management. Wie strategische Initiativen zum Wandel führen.* Schäffer-Poeschel.
3. Asum, H., Kerth, K., Klein, J., & Wohlert, M. (2023). *Die besten Strategietools in der Praxis.* Hanser.
4. Kaplan, R., & Norton, D. (2024). *Balanced Scorecard: Strategien erfolgreich umsetzen.* Schäffer-Poeschel.
5. PricewaterhouseCoopers/Europa-Universität Viadrina. (Hrsg.). (2007). *Praxis des Konfliktmanagements deutscher Unternehmen. Ergebnisse einer qualitativen Folgestudie zu „Commercial Dispute Resolution – Konfliktbearbeitungsverfahren im Vergleich".*
6. Wulf, D. (2014). Widerstände überwinden. Systematische Darstellung möglicher Vorbehalte gegen die Etablierung von Konfliktmanagement in Unternehmen – und wie man diesen begegnen kann. In U. Gläßer, L. Kirchhoff, & F. Wendenburg (Hrsg.), *Konfliktmanagement in der Wirtschaft. Ansätze, Modelle, Systeme* (S. 189–206). Nomos.
7. IDW Institut der Wirtschaftsprüfer (Hrsg.). (2008). *IDW Standard: Grundsätze zur Durchführung von Unternehmensbewertungen (IDW S 1 i.d.F. 2008 – Stand 2016).* IDW.
8. Hauschildt, J., Salomo, S., Schultz, C., & Kock, A. (2022). *Innovationsmanagement.* Vahlen.
9. PricewaterhouseCoopers/Europa-Universität Viadrina. (Hrsg.). (2016). *Konfliktmanagement in der deutschen Wirtschaft. Entwicklungen eines Jahrzehnts.*

8

Zusammenfassung und Perspektiven

Zusammenfassung Als Interessenmanagement der Unternehmen sollte das Konfliktmanagement auch strategisch nicht weiterhin unterschätzt werden. Unternehmenskonflikte verschließen Erfolgspotenziale und reduzieren Unternehmenswerte, sodass zu einer sorgfältigen Unternehmensführung ein verantwortungsvoller Umgang mit diesen besonderen Unternehmensrisiken gehört. Ein strategisch verschränktes Konfliktmanagement stabilisiert in Konfliktsituationen die wertschöpfenden Arbeits- und Geschäftsbeziehungen der Unternehmen, die das immaterielle Erfolgskapital der Gesellschaften bilden und über zukünftige Unternehmenserfolge entscheiden. Die dargelegten Zusammenhänge zeigen, dass eine funktionale Integration des Konfliktmanagements in das strategische Governance-, Risk- und Compliance-Management der Unternehmen (GRC-Management) die Performance der Gesellschaften in diesen Bereichen optimiert und ein erweitertes GRCC-Management dazu beitragen kann, auch Nachhaltigkeits- und New Work-Risiken wirksam zu reduzieren.

T. Knobloch, *Strategisches Konfliktmanagement*, https://doi.org/10.1007/978-3-658-47671-7_8

Die Ausführungen zeigen, dass interne wie externe Unternehmens-konflikte als strategische und operative Unternehmensrisiken dazu bei-tragen, dass Unternehmen ihre Erfolgspotenziale nicht ausschöpfen kön-nen und Unternehmensziele infolgedessen nicht erreicht werden. Öko-nomische Konsequenzen dieser Konflikte sind – neben ihren direkten Kosten – Verluste im „Stakeholder-Kapital" der Unternehmen sowie konfliktbedingt reduzierte Unternehmenswerte (Shareholder-Values).

Mit dem Hinweis auf die Dominanz der Strategie für die langfristigen Unternehmenserfolge reicht es zur Bearbeitung dieser Herausforderungen durch die verantwortlichen Unternehmensleitungen nicht aus, sich le-diglich auf der operativen Ebene des Konfliktmanagements der Lösung akuter Unternehmenskonflikte mit Hilfe etablierter ADR-Verfahren (z. B. der Mediation) zuzuwenden.

Die strategischen Risikopotenziale der Konflikte verlangen vielmehr eine zielführende Einbindung des Konfliktmanagements in die strategi-schen Programme der Unternehmen – verbunden mit einer Integration in die Corporate Governance-Systeme zur Unternehmensführung.

Ein strategisch ausgerichtetes Konfliktmanagement nimmt konkrete Unternehmensziele in den Blick und stellt strategieergänzend auf resi-liente Arbeits- und Geschäftsbeziehungen sowie die Reduzierung konfliktgetriebener Unternehmensrisiken ab. Beispiele für diese strategi-schen wie operativen Risiken sind aus einer funktionalen Perspektive konfliktabhängige Beschaffungs-, Finanzierungs- oder Personalrisiken sowie bereichsübergreifende Nachhaltigkeits- oder New Work-Risiken der Unternehmen.

Im Vordergrund steht dabei das zentrale Verständnis des Konflikt-managements als Management der Interessen der in den Unternehmen arbeitsteilig zusammenwirkenden Personen und Stakeholder. Dieses Interessenmanagement ist Gegenstand sämtlicher Führungsprozesse der Unternehmen und damit wesentlich für eine erfolgreiche Unterneh-mensführung – insbesondere in den hier betrachteten Konflikt-situationen.

Das handlungsfordernde Risikopotenzial der Unternehmenskonflikte und die daraus resultierende Relevanz der strategischen Perspektive für das Konfliktmanagement der Unternehmen skizziert zusammenfassend Abb. 8.1.

Abb. 8.1 Risikopotenziale von Unternehmenskonflikten

Ein Lösungsansatz zum Umgang mit den beschriebenen Herausforderungen ist die strategisch ausgerichtete Verschränkung von grundlegenden Basisstrukturen des operativen Konfliktmanagements mit dem Risikomanagement der Unternehmen im Kontext einer verantwortungsvollen Corporate Governance, wie sie im Deutschen Corporate Governance-Kodex (DCGK) [1] beschrieben ist.

Über Erweiterungen und Vertiefungen der Konfliktmanagementstrukturen lassen sich bei Bedarf passgenaue Konfliktmanagementsysteme entwickeln und in die etablierten Risiko- und Compliance-Managementsysteme der Unternehmen sowie ihre allgemeinen Controlling-Systeme integrieren.

Am Ende einer solchen Entwicklung könnte dann in den Unternehmen perspektivisch ein wirkungsvolles GRCC-Management stehen (Abb. 8.2), das die komplex vernetzten Strategiethemen „Governance", „Risk" und „Compliance" (GRC-Management [2]) in einem um das

Abb. 8.2 Verantwortungsvolle Unternehmensführung: Erweitertes GRCC-Modell zur Optimierung vernetzter Managementkonzepte

Thema „Conflict" ergänzten Managementansatz effizient zusammenführt und die gesetzlichen Sorgfaltspflichten für eine verantwortungsvolle Unternehmensführung beachtet.

Dieser „Denkansatz" wurde bereits 2012 auf einer Tagung an der Bucerius Law School (Hamburg) zur nachhaltigen Verankerung von Konfliktmanagement in Unternehmen vorgestellt [3]. Seine Übernahme in die Unternehmenspraxis steht jedoch nach wie vor aus, sodass eine Wiedervorlage am Ende eines Buches zum strategischen Konfliktmanagement der Unternehmen nicht nur als Vision einen wegweisenden Abschluss bildet.

Literatur

1. Regierungskommission Deutscher Corporate Governance Kodex. (2022). *Deutscher Corporate Governance Kodex.* https://www.dcgk.de/de/kodex.html. Zugegriffen am 24.10.2024.

2. Otremba, S. (2016). *GRC-Management als interdisziplinäre Corporate Governance. Die Integration von Revision, Risiko- und Compliance-Management in Unternehmen.* Springer Gabler.
3. Institut für Konfliktmanagement – Europa-Universität Viadrina. (Hrsg.) (2012) *Konfliktmanagement (IV) – Nachhaltige Verankerung von Konfliktmanagement im Unternehmen. Tagungsbericht: Bucerius Law School, Hamburg (25. und 26. Oktober 2012).* https://www.rtmkm.de/wp-content/uploads/2019/03/Tagungsbericht_KM_IV_April2013_final.pdf. Zugegriffen am 24.10.2024.

9

Anhang

Zusammenfassung Mit Anhang 1 wird zunächst ein einfaches Modell zur Schätzung der Konfliktkosten für interne Arbeitsplatzkonflikte vorgestellt, das auf einer Kostenstellenrechnung der Unternehmen basiert. Dabei wird auf die betriebswirtschaftliche Unterscheidung von Nutz- und Leerkosten Bezug genommen und zwischen Personal-, Sach-, Interventions- und Opportunitätskosten differenziert. In Anhang 2 wird mit einem Discounted Cashflow-Modell der Einfluss interner und externer Unternehmenskonflikte auf den Marktwert der Unternehmen ("Shareholder-Value") erläutert, welches auch die Schätzung konfliktbedingter Unternehmenswertverluste ermöglicht.

T. Knobloch, *Strategisches Konfliktmanagement*,
https://doi.org/10.1007/978-3-658-47671-7_9

9.1   Anhang 1: Schätzung der Konfliktkosten für Arbeitsplatzkonflikte auf der Grundlage einer Kostenstellenrechnung

Die Ansätze zur Konfliktkostenschätzung erfolgen regelmäßig als „Vorwärtskalkulation", indem die konfliktbedingten Verbrauchsmengen an Produktionsfaktoren (z. B. Arbeitszeiten oder Material) mit den maßgeblichen Wertansätzen (z. B. Löhnen/Gehältern bzw. Materialpreisen) multipliziert werden. Diese Art der Konfliktkostenkalkulation folgt dem betriebswirtschaftlichen Verständnis der Kosten als Kombination von Mengen- und Wertkomponenten betrieblich verbrauchter Produktionsfaktoren durch die Konflikte als Kostenträger (Kalkulationsobjekte) [1].

In diesen Kalkulationen ist modellseitig nicht erkennbar, woher die miteinander multiplizierten Verbrauchsmengen und Wertansätze/Bepreisungen kommen und welche Qualität die Kalkulationsergebnisse haben.

Zur Reduzierung dieser Intransparenz können wesentliche Teile der dysfunktionalen Konfliktkosten alternativ im Rahmen einer „Rückwärtskalkulation" über die konfliktbedingt unproduktiven Verbräuche betrieblicher Ressourcen in den Kostenstellen der Unternehmen erfasst werden [2], in denen Arbeitsplatzkonflikte das Verhalten am Arbeitsplatz beeinflussen und die Arbeitsproduktivität vor Ort reduzieren.[1] Voraussetzung dieses Kalkulationsmodells ist, dass im Unternehmen eine Kostenstellenrechnung mit den erforderlichen Kosteninformationen existiert.

Zusammensetzung der Konfliktkosten
Bezug nehmend auf die betriebswirtschaftliche Kostenrechnung setzen sich die Konfliktkosten eines Unternehmens in den beteiligten Kostenstellen (z. B. Fertigung und Vertrieb) [1] additiv aus vier Konfliktkostenarten zusammen [2]:

---

[1] Die folgenden Ausführungen finden sich auch in der 4. PwC/EUV-Studie zum wert- und werteorientierten Konfliktmanagement der Unternehmen [2].

- Konflikt-Personalkosten
- Konflikt-Sachkosten
- Konflikt-Interventionskosten sowie
- Konflikt-Opportunitätskosten.

Konflikt-Personalkosten
Bezogen auf die verfügbaren Personalkapazitäten der Kostenstellen (z. B. in Wochen-Arbeitsstunden) können die pagatorischen[2] Konflikt-Personalkosten als konfliktbedingte Leerkosten[3] des Personals interpretiert werden – wie Abbildung Abb. 9.1 elementar veranschaulicht.

Sofern die Arbeitsproduktivität einer Kostenstelle nicht durch Konflikte signifikant belastet wird, sind die Personalkosten in voller Höhe als produktive Nutzkosten zu qualifizieren (Buchstabe A in Abb. 9.1).

Ist eine Kostenstelle jedoch von Arbeitsplatzkonflikten betroffen, führen diese Konflikte in vielen Fällen dazu, dass ein Teil der Personalkosten – in Abhängigkeit vom personellen Einwirkungsbereich des Konflikts und der individuellen Betroffenheit der Konfliktparteien – in unproduktive Leerkosten umzuqualifizieren ist (Buchstabe B in Abb. 9.1). Die Personal-Nutzkosten reduzieren sich kalkulatorisch entsprechend (Buchstabe C in Abb. 9.1).

Der Einfachheit halber werden die Konflikt-Personalkosten einer Kostenstelle auf der Grundlage der durchschnittlichen Personalkosten geschätzt, indem unter Berücksichtigung der personalen Reichweite des Konflikts (Anzahl der in den Konflikt involvierten Mitarbeiter) und seiner Intensität (persönliches Ausmaß der Konfliktwirkung bei den Mitarbeitern) die konfliktbedingten Leerkosten bestimmt werden.

---

[2] Betriebswirtschaftlich werden in der Kostenrechnung pagatorische Kosten und kalkulatorische Kosten unterschieden. Pagatorischen Kosten sind stets mit Ausgaben der Unternehmen verbunden (z. B. für Material oder Dienstleistungen). Im Gegensatz dazu liegen kalkulatorischen Kosten keine Ausgaben zugrunde (z. B. kalkulatorische Eigenkapitalkosten durch entgangene Einnahmen aus einer alternativen Kapitalanlage). In beiden Fällen wird der Einsatz betrieblicher Produktionsfaktoren (z. B. von Material und Dienstleistungen sowie Kapital) erfasst [1].

[3] In der betriebswirtschaftlichen Vollkostenrechnung wird bei den Fixkosten – in Abhängigkeit vom produktiven Auslastungs- oder Beschäftigungsgrad einer Kostenstelle – zwischen Nutz- und Leerkosten (Anteil der Fixkosten, der kalkulatorisch keiner Nutzung unterliegt) unterschieden [1], sodass der Begriff „Leerkosten" an dieser Stelle analoge Verwendung finden kann.

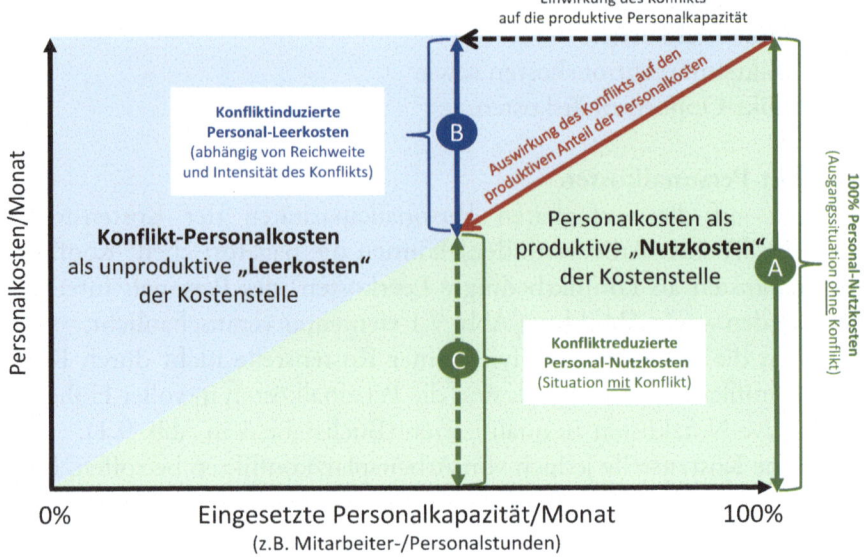

© 2024 - Prof. Dr. Thomas Knobloch

Abb. 9.1 Konflikt-Personalkosten als „Leerkosten" einer Kostenstelle

Die über eine Kostenstellenrechnung kalkulierten Konfliktkosten erfassen neben den allgemeinen Personalkosten (Bruttolöhnen/-gehältern sowie Sozialabgaben) bereits anteilig konfliktbedingte Kostenstellenkosten für geleistete Mehrarbeiten/Überstunden, krankheitsbedingte Fehlzeiten bis hin zur vollständigen Arbeitsunfähigkeit, Fortbildungs- und Schulungsmaßnahmen, Stellenausschreibungen sowie sonstige unproduktive Arbeitszeiten.[4]

Die durchschnittlichen Personal-Konfliktkosten müssen für die einzelnen Kostenstellen somit nicht mehr in separaten Nebenrechnungen und Schätzungen außerhalb der Kostenrechnung ermittelt werden. Näherungsweise zu schätzen sind lediglich die personale Reichweite der

---

[4] Diese anteilige Berücksichtigung der Kostenstellenkosten führt bei tatsächlich geringeren Nutzkostenanteilen zu einer Unterschätzung der Konflikt-Personalkosten, die (vermutlich) in vielen Fällen vernachlässigbar ist.

betrachteten Konflikte in den Kostenstellen sowie die Intensität der Konflikte als konfliktinduzierte Verluste an individueller Arbeitsproduktivität, d. h. die Mengenkomponenten dieser Konfliktkosten.

Werden die Konflikt-Personalkosten auf der Basis einer monatlichen Kostenstellerechnung geschätzt, wie sie in vielen Unternehmen üblich ist, können die gesamten pagatorischen Personal-Konfliktkosten transparent über die Konfliktdauer hochgerechnet werden – wie folgendes Beispiel zeigt.

Exemplarische Konfliktkosten-Kalkulation/Schätzung für eine Kostenstelle

In einer Kostenstelle (z. B. dem Vertrieb) entstehen für 10 Mitarbeiter monatliche Personalkosten von durchschnittlich 140.000 €. Für eine vertragliche Arbeitszeit von 35 h/Woche errechnet sich eine kostenstellenspezifische Personalkapazität von 1400 h/Monat.

Bei einem Arbeitsplatzkonflikt, in den zunächst 3 Personen (Reichweite des Konflikts) eingebunden sind und zu 20 % konfliktbedingt ausfallen (Intensität des Konflikts), ergibt sich ein monatlicher Verlust an produktiver Personalkapazität von 84 h, für den Leerkosten von 8400 € angesetzt werden können (Konflikt-Personalkosten).

Führt die Eskalation des Konflikts dazu, dass eine Person krankheitsbedingt vollständig ausfällt, eine weitere Person in den Konflikt hineingezogen wird und nun drei Personen zu 30 % ausfallen, verändern sich Reichweite und Intensität des Konflikts. Das Ergebnis sind eine um 266 h reduzierte Personalkapazität und kalkulatorisch auf 26.600 € angestiegene Konflikt-Personalkosten.

Bei einer Konfliktdauer von 5 Monaten und der beschriebenen Konflikteskalation in den letzten zwei Monaten können die bisherigen Konfliktkosten dieses Arbeitsplatzkonfliktes als Personal-Leerkosten mit 78.400 € geschätzt werden.

Die Vorteile dieser Art der Konfliktkostenschätzung für Arbeitsplatzkonflikte sind die breite Akzeptanz der Kostenstellenrechnung in den Unternehmen sowie die Transparenz und das Verständnis der Führungskräfte und Mitarbeiter für das Kalkulationsverfahren.

Konflikt-Sachkosten

Sofern interne Unternehmenskonflikte zu Vermögensdelikten (z. B. Diebstahl, Sachbeschädigungen und Unterschlagungen) oder sonstigen Vermögensverlusten (z. B. höheren Fehler- und Ausschussquoten) führen, sind in den betroffenen Kostenstellen (z. B. der Fertigung oder Montage) neben den Konflikt-Personalkosten entsprechende Sachkosten zu erfassen.

Die Informationen zur nachvollziehbaren Quantifizierung dieser Konflikt-Sachkosten finden sich ebenfalls in der Betriebsbuchhaltung und Kostenstellenrechnung der Unternehmen [1].

Konflikt-Interventionskosten

Die Konflikt-Interventionskosten der Kostenstellen entsprechen der Summe aller pagatorischen Kosten, die dort zielgerichtet zur Bearbeitung von internen und externen Unternehmenskonflikten aufgewendet werden [3].

Dabei kann in der Kostenstellenrechnung der Unternehmen für die Interventionskosten zwischen primären und sekundären Kosten der Konfliktbearbeitung unterschieden werden.

Primäre Interventionskosten entstehen durch externer Dienstleistungen (z. B. von Mediatoren, Anwälten und Gutachtern oder für Gerichts- und Schiedsverfahren). Sekundäre Interventionskosten werden durch unternehmensinterne Konfliktbearbeitungen, d. h. die Inanspruchnahme eigener Konfliktmanagementstrukturen verursacht und im Rahmen der innerbetrieblichen Leistungsverrechnung systematisch in den Kostenstellen erfasst [2].

Konflikt-Opportunitätskosten

Der optionale Ansatz von Opportunitätskosten resultiert aus einem Kostenverständnis, das wertmäßig auch den entgangenen Nutzen einer alternativen Verwendung der eingesetzten Produktionsfaktoren berücksichtigt [4].

Bezogen auf die konfliktbedingt für die Unternehmen verloren gegangenen Personalkapazitäten führt diese Überlegung in den Kostenstellen neben den Konflikt-Personalkosten zur Berücksichtigung von Konflikt-Opportunitätskosten.

Die nicht mit Ausgaben verbundenen Opportunitätskosten können mit Hilfe kalkulatorischer Verrechnungssätze geschätzt werden, die sich beispielsweise aus der durchschnittlichen betrieblichen Wertschöpfung der Unternehmen oder den durchschnittlichen Deckungsbeiträgen der Aufträge ergeben. Hierzu ein einfaches Beispiel:

Exemplarische Kalkulation/Schätzung der Konflikt-Opportunitätskosten für eine Kostenstelle

Die Kostenrechnung eines Unternehmens mit 100 Vollzeit-Mitarbeitern ermittelt ein monatliches Betriebsergebnis von durchschnittlich 4,0 Mio. €. Der durchschnittliche betriebliche Wertschöpfungsbeitrag eines einzelnen Mitarbeiters beträgt auf dieser Basis 40.000 €/Monat.

Wird dieser durchschnittliche Wertschöpfungsbeitrag als Opportunitätskosten-Verrechnungssatz verwendet, können in einer Kostenstelle die Opportunitätskosten für einen Arbeitsplatzkonflikt mit 60.000 €/Monat geschätzt werden, wenn dort 2 Mitarbeiter konfliktbedingt zu 25 % ausfallen und ein Mitarbeiter dauerhaft erkrankt ist.

Sofern für bestimmte Kostenstellen aufgrund der unterschiedlichen Wertschöpfungsnähe auch unterschiedliche Konflikt-Opportunitätskosten angesetzt werden sollen (z. B. für Kostenstellen im Forschungs-, Fertigungs-, Vertriebs- und Lager-/Logistikbereich), kann die Abstufung über pauschale Gewichtungsfaktoren erfolgen.

Vor dem Hintergrund ihres kalkulatorischen Charakters sowie einer nur durchschnittlichen und pauschalen Schätzung sämtlicher Berechnungsgrößen erfolgt die Berücksichtigung von Konflikt-Opportunitätskosten bei der Ermittlung der Konfliktkosten stets wenig verursachungsgerecht, sodass sie betriebswirtschaftlich kritisch zu beurteilen ist [2].

Formale Struktur der Konfliktkostenschätzung für Arbeitsplatzkonflikte

Die formale Struktur zur Schätzung der Konfliktkosten für interne Arbeitsplatzkonflikte über eine erweiterte Kostenstellenrechnung ist zusammenfassend in Abb. 9.2 dargestellt.

$$\underbrace{\text{K-PK}_{KS}}_{\text{Konflikt-Personalkosten}} = \underbrace{\text{ØPK}_{KS}}_{\text{Ø Personalkosten}} \text{ x } \underbrace{\text{RW}_{KS}}_{\text{Reichweite}} \text{ x } \underbrace{\text{IN}_{KS}}_{\text{Intensität}} \text{ x } \underbrace{\text{DA}_{KS}}_{\text{Dauer (c.p.)}}$$

$$+ \underbrace{\text{K-SK}_{KS}}_{\text{Konflikt-Sachkosten}} = \underbrace{\Sigma_{KS} \text{ K-VV}_{KS}}_{\text{Vermögensverluste}}$$

$$+ \underbrace{\text{K-IK}_{KS}}_{\substack{\text{Konflikt-}\\\text{Interventionskosten}}} = \underbrace{\text{K-IEK}_{KS}}_{\substack{\text{Interventions-}\\\text{Einzelkosten}}} + \underbrace{\text{K-IGK}_{KS}}_{\substack{\text{Interventions-}\\\text{Gemeinkosten}}}$$

Pagatorische Kosten!

$$+ \underbrace{\text{K-OK}_{KS}}_{\substack{\text{Konflikt-}\\\text{Opportunitätskosten}}} = \underbrace{\text{ØMA}_{KS}}_{\substack{\text{Ø Anzahl der}\\\text{Mitarbeiter}}} \text{ x } \underbrace{\text{GF}_{KS}}_{\substack{\text{Gewichtungs-}\\\text{faktor}}} \text{ x } \underbrace{\text{ØOVS}}_{\substack{\text{Ø Opportunitätskostenverrechnungssatz}\\\text{je Mitarbeiter (zeitraumabhängig - z.B. je Monat)}}} \text{ x } \text{RW}_{KS} \text{ x } \text{IN}_{KS} \text{ x } \text{DA}_{KS}$$

$$= \text{K-K}_{KS} = \textbf{Geschätzte Konflikt(gesamt)kosten}_{KS}$$

© 2024- Prof. Dr. Thomas Knobloch

Abb. 9.2 Konfliktkostenschätzung für die Arbeitsplatzkonflikte einer Kostenstelle

9.2 Anhang 2: Unternehmenswertverluste durch Unternehmenskonflikte in Discounted Cashflow-Modellen der Unternehmensbewertung

Zur weitergehenden Darstellung der strategischen Bedeutung des Konfliktmanagements für eine am Shareholder-Value, d. h. am Unternehmenswert ausgerichtete Unternehmenspolitik, wird auf die Modelle der Unternehmensbewertung zurückgegriffen, die sich an den Erfolgspotenzialen und Zukunftserfolgen der Unternehmen orientieren (Zukunftserfolgswertverfahren[5]).

---

[5] Zur Bewertung ganzer Unternehmen gibt es neben den Zukunftserfolgswertverfahren die Substanzwertverfahren, die sich an der betrieblichen Unternehmenssubstanz, d. h. an den vorhandenen materiellen und immateriellen Werten und Schulden der Unternehmen orientieren, sowie die vergleichswertorientierten Verfahren, denen beispielsweise Börsenwerte oder konkrete Unternehmenstransaktionen zugrunde liegen [5].

In der Unternehmenspraxis weit verbreitet sind die Discounted Cashflow-Verfahren (DCF-Verfahren), die auf einem Gegenwartswert- oder Barwertkalkül beruhen und insbesondere bei ertragsstarken Unternehmen die erwarteten betrieblichen Einzahlungsüberschüsse[6] zukünftiger Geschäftsjahre auf den aktuellen Bewertungszeitpunkt abzinsen, d. h. diskontieren, um den Unternehmenswert als Marktwert zu erhalten. Die DCF-Verfahren setzen dabei voraus, dass alle zukünftigen Zahlungsströme (Cashflows) realistisch prognostiziert werden und ein angemessener Abzinsungs-/Diskontierungszinssatz zur Anwendung kommt.

Als finanzielle Erfolgs- und Diskontierungsgröße werden in Marktwert-/Shareholder-Value-Modellen regelmäßig prognostizierte Free Cashflows (FCF) herangezogen, die den Unternehmen und ihren Eigentümern jährlich nach Abzug aller notwendigen Investitionen von den betrieblichen Cashflows als Einzahlungsüberschüsse zur Verfügung stehen [6].

Reduziert werden diese Free Cashflows zum einen durch konfliktbedingt ausbleibende, d. h. nicht realisierte Erfolgseinzahlungen.[7] Beispiele hierfür sind Liquiditätsverluste aufgrund entgangener Auftragseingänge und fehlende Umsätze durch interne Arbeitsplatzkonflikte mit Ausfallzeiten im Vertriebsbereich sowie finanzielle Wertschöpfungsverluste der Unternehmen infolge stornierter oder nicht erteilter Kundenaufträge nach externen B2C-Konflikten.

Zum anderen führen interne und externe Unternehmenskonflikte zu höheren Erfolgsauszahlungen, die ebenfalls die Liquidität der Unternehmen belasten. Zur Verdeutlichung dieser Sachverhalte dienen neben den abbaubaren Konflikt-Personalkosten[8] die pagatorischen Sach- und Inter-

---

[6] Der betriebliche Finanzerfolg eines Geschäftsjahres ergibt sich für ein Unternehmen aus der Differenz seiner Erfolgseinzahlungen und Erfolgsauszahlungen (Einzahlungsüberschüsse), die während des Geschäftsjahres erwirtschaftet werden.

[7] Neben den ergebniswirksamen Erfolgseinzahlungen und Erfolgsauszahlungen aus betrieblichen Geschäftstätigkeiten gibt es auch nicht erfolgswirksame Cashflows (z. B. durch Investitionen oder Kreditaufnahmen), die in einfachen DCF-Modellen zur Unternehmensbewertung unberücksichtigt bleiben.

[8] Für die Konflikt-Personalkosten kann entscheidungsorientiert zwischen abbaubaren und nicht abbaubaren Kosten unterschieden werden. Letztere werden in der betriebswirtschaftlichen Kostenrechnung auch als „remanente" bzw. „sprungfixe" Kosten bezeichnet [1] und beziehen sich hier trotz ihres Leekostencharakters auf die zur Aufrechterhaltung der Geschäftsprozesse erforderlichen Personalkapazitäten.

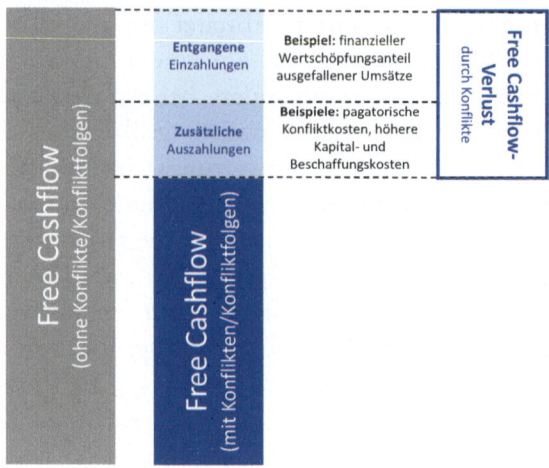

Abb. 9.3   Konfliktbedingte Liquiditätsverluste im Free Cashflow der Unternehmen

ventionskosten interner Unternehmenskonflikte (Abschn. 9.1) sowie höhere Beschaffungspreise oder Kapitalkosten nach B2X-Konflikten mit Lieferanten oder Kapitalgebern.

Die konfliktbedingten Liquiditätsverluste im betrieblichen Free Cashflow der Unternehmen veranschaulicht noch einmal Abb. 9.3.

Darauf aufbauend lassen sich die Auswirkungen interner und externer Unternehmenskonflikte auf den Marktwert/Shareholder-Value der Unternehmen unmittelbar mit den Discounted Cashflow-Verfahren der Unternehmensbewertung erläutern und skizzieren, wobei in Abb. 9.4 aus Vereinfachungsgründen konstante Durchschnittwerte angesetzt werden.

Die DCF-Verfahren ermitteln den Marktwert der Unternehmen für ihre Eigentümer/Shareholder, indem die jährlich prognostizierten Free Cashflows über einen festgelegten Planungshorizont mit einem Diskontierungszinssatz abgezinst werden, der in der Praxis der Unternehmensbewertung oftmals den durchschnittlichen Kapitalkosten entspricht [5]. Hinter diesen Bewertungsmodellen steht das Kapitalwertkalkül der Investitionsrechnung potenzieller Investoren/Käufer.

Dieses einfache Bewertungsmodell macht deutlich, dass interne und externe Konflikte über eine Reduzierung der Free Cashflows der Unternehmen zu nachhaltigen Unternehmenswertverlusten führen.

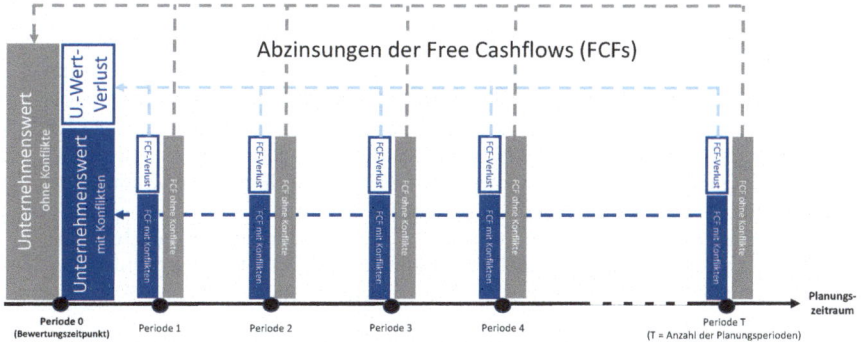

Unternehmenswertermittlung mit Discounted Cashflow-Verfahren:

$$Unternehmenswert = \sum_{t=1}^{T} Free\ Cashflow_t \cdot (1 + Zinssatz)^{-t}$$

Im Sonderfall der „ewigen Rente", d.h. zukünftig auf Dauer konstanter Free Cashflows (FCF): $Unternehmenswert = \frac{Free\ Cashflow}{Zinssatz}$

Abb. 9.4 Reduzierung der Unternehmenswerte durch Konflikte (DCF-Modell)

Zur vereinfachten Abschätzung des Ausmaßes der Vernichtung von Unternehmenswerten durch Unternehmenskonflikte kann auf das finanzmathematische Konzept der ewigen Rente zurückgegriffen werden, das in der Unternehmensbewertung zur Anwendung kommt, wenn eine Detailplanung zukünftiger Free Cashflows nicht möglich ist und für die Zukunft konstante Zahlungsströme angenommen werden (Abb. 9.4).

In diesen Fällen werden die Unternehmenswerte mit dem DCF-Modell vereinfacht über die Division der konstanten Free Cashflow-Renten durch den Diskontierungszinssatz geschätzt [5].

Hierzu ein einfaches Beispiel, in dem die Berechnung von Unternehmenswerten unter der Annahme einer ewigen Rente auf die Schätzung von konfliktbedingten Unternehmenswertverlusten übertragen wird:

Exemplarische Kalkulation/Schätzung konfliktbedingter Unternehmenswertverluste

Ein Industrieunternehmen hat prognostizierte Umsatzerlöse von durchschnittlich 10,0 Mio. € pro Geschäftsjahr bei einer Materialaufwandsquote von 40 % (Berechnungsbasis).

Unter der Annahme, dass dabei Umsatzerlöse in 5 %iger Höhe aufgrund von Arbeitsplatzkonflikten nicht realisiert werden (Minderung der Erfolgseinzahlungen um 500.000 €) und B2B-Konflikte mit Lieferanten über schlechtere Konditionen um 2,5 % höhere Materialkosten verursachen (Erhöhung der Erfolgsauszahlungen um 100.000 €), reduziert sich der Free Cashflow des Unternehmens konfliktbedingt in jedem Geschäftsjahr um durchschnittlich 600.000 € („Verlust-Rente").

Bei einem Abzinsungszinssatz von 7,0 %, der aktuell den durchschnittlichen Kapitalkosten deutscher Unternehmen entspricht [7], berechnet sich nach dem DCF-Bewertungsmodell der ewigen Rente ein nachhaltiger Unternehmenswertverlust von ca. 8,6 Mio. €.[9]

Dieser Marktwert-/Shareholder Value-Verlust des Unternehmens ist ausschließlich auf interne und externe Unternehmenskonflikte zurückzuführen.

Das einfache Beispiel zeigt, dass Unternehmenskonflikte das Potenzial haben, den Marktwert (Shareholder-Value) der Unternehmen signifikant zu mindern.

Vor diesem Hintergrund ist ein strategisches Konfliktmanagement, das sich an den Interessen und Zielen der Unternehmen ausrichtet, im Rahmen einer verantwortungsvollen Corporate Governance und wertorientierten Unternehmensführung [8] aus betriebswirtschaftlicher Sicht erforderlich.

Literatur

1. Coenenberg, A., Fischer, T., Günther, T., & Brühl, R. (2024). *Kostenrechnung und Kostenanalyse*. Schäffer-Poeschel.
2. PricewaterhouseCoopers/Europa-Universität Viadrina. (Hrsg.). (2013). *Konfliktmanagement als Instrument werteorientierter Unternehmensführung*.
3. KPMG Wirtschaftsprüfungsgesellschaft. (Hrsg.). (2009). *Konfliktkostenstudie. Die Kosten von Reibungsverlusten in Industrieunternehmen*.

---

[9] Finanzmathematische Berechnung des Marktwertverlusts des Unternehmens nach der Formel für die ewige Rente (DCF-Verfahren): Free Cashflow-Minderung (600.000 €) dividiert durch den Abzinsungs-/Diskontierungszinssatz (7,0 %) = Unternehmenswertverlust (8,571 Mio. €).

4. Briem, J. (2024). Systematisches Konfliktmanagement und New Work. Eine enge Beziehung! *Spektrum der Mediation, 95*, 43–46.
5. Matschke, M., Brösel, G., & Toll, C. (2024). *Unternehmensbewertung. Funktionen -Methoden – Grundsätze.* Springer-Gabler.
6. IDW Institut der Wirtschaftsprüfer (Hrsg.). (2008). *IDW Standard: Grundsätze zur Durchführung von Unternehmensbewertungen (IDW S 1 i.d.F. 2008 – Stand 2016).* IDW.
7. KPMG Wirtschaftsprüfungsgesellschaft. (Hrsg.) (2023). *Cost of Capital Study 2023.* https://kpmg.com/de/de/home/themen/2023/10/kapital-kostenstudie-2023.html. Zugegriffen am 24.10.2024.
8. Regierungskommission Deutscher Corporate Governance Kodex. (2022). *Deutscher Corporate Governance Kodex.* https://www.dcgk.de/de/kodex.html. Zugegriffen am 24.10.2024.

Printed and bound by CPI Group (UK) Ltd, Croydon, CR0 4YY
29/04/2026
02099470-0004